不戦条約論

不戦条約論

信夫淳平

書肆心水

不戦条約論

目　次

不戦条約論

凡例

一、本書は、信夫淳平著『不戦条約論』（一九二八年、国際聯盟協会刊行）の新組復刻版である。巻末資料（英語等原文）は本書では省いた。

一、本書では新字体漢字、新仮名遣いで表記した。

一、現在一般に漢字表記が避けられる傾向にあるものは仮名に置き換えた。（ただし漢字と片仮名で書かれている引用文中ではそのままにした。）

一、送り仮名は現在一般の感覚で違和感が強いだろう場合は加減した。（ただし漢字と片仮名で書かれている引用文の送り仮名はそのままにした。）

一、踊り字（繰り返し記号）は「々」のみを使用し、その他のものは文字に戻して表記した。（ただし漢字と片仮名で書かれている引用文の踊り字はそのままにした。）

一、鍵括弧の形状は現在一般の慣例に従って変更した。

一、元の本では固有名詞の片仮名語がゴシック体にされているが、本書では通常の書体で表記した。また、片仮名語同士の間をスペースで示しているが、本書では現在の慣例通り中黒点で示した。

一、片仮名語の表記を現在一般の感覚で違和感の少ないようにしたもの、あるいは、分かりにくいものを分かりやすくしたものがある。（例　サルヂニア→サルディニア、ハルヂング→ハーディング、フヒリツプ→フィリップ）

一、便宜的に読み仮名ルビと意味を示すルビを補った。意味を示すルビは丸括弧に入れて記した。

一、〔　〕括りの冒頭に※を記した注は本書刊行所によるものである。

一、明らかな誤植、誤記のうち、一義的に訂正しうるものは、特にそれと示すことなく訂正した。

序言

不戦条約問題は昨年以来、米国を挟んで西には仏国、東には我が日本における重要なる研究項目となり、米仏両国政府間には、その交渉が既に具体的に進行し、最近には、米国政府は既に日英独伊の四国政府に対しても公然提議する所あるに至った。その前途如何は今日予卜し能わざるも、多少の加除修正はやむなしとし、大体において吾等の希望し且つ期待するが如くに都合よく進展するにおいては、その成果が世界の平和に寄与することのすこぶる大なるべきは論を俟たない。然るに不戦条約なるものの意義本質等に就いては、世上なお説いて尽さず、語りて詳かならずで、随って広く国民の理解と共鳴を得るには、これが解説に今一息の努力を要するものがある。これ私が浅学劣識を顧みず、敢えて国際教育普及の意味にて本稿を世に出す所以である。

昭和三年四月

信夫淳平

第一章　不戦の意義

絶対不戦は可能的なるか

本論を進むるにあたり、先ず以て特に明瞭にして置きたきは、不戦条約の謂わゆる不戦という言葉の意味である。不戦といえば絶対に戦争をしないということに解せらるるが、それは果して今日可能的のことであるか。何人も然りとは云い得まい。

聯盟規約及びロカルノ協定の不戦規定

国際聯盟規約はその前文の劈頭第一において「締約国ハ戦争ニ訴エサルノ義務ヲ受諾シ」と記し、恰も戦争を絶対に非認するかの如き行文で筆を起してあるが、しかも本文の第十二条に至り、締約国が戦争に訴うるに先だち必然執らざるべからざる所の特定措置を規定してある。即ちこの規定あるの一事、これ取りも直さず締約国の戦争に訴うることあるべきこと、及びその特定措置を履みし上の戦争はこれを違法視せざること、の意を肯定したものである。ロカルノ協定のライン保障条約に至りては、独白《ベルギー》両国及び独仏両国は「何れの一方よりも攻撃又は侵入をなさず、且つ如何なる場合においても戦争に訴えざることを互いに約す」とまで規定したるが、それでも(一)正当防衛の場合、(二)国際聯盟規約第十六条の適用に依り行動する場合、(三)国際聯盟の総会もしくは理事会の決議に依り、又は聯盟規約第十五条第七項の適用に依り行動する場合、以上の三場合には右の規定を適用せずとしてある。勿論これ等戦争避止の規定は、国際聯盟規約第十二条所定の開戦の機会の減縮に比すれば、その範囲が一層拡大せられたもので、それだけ平和の維持に貢献する所大なるは言を俟《ま》たない。けれども、そは特定の若干国の間に限られたる規定で、即ち国際の平和を脅威する危険率がこれに依り局地的に著しく減じたことは認むべきも、戦争の絶対非認ということにはなおかなりの距離あるを否み得ない。

恒久平和はいつ到来する

絶対の不戦は恒久平和と通俗的には同意義と見て可《よろし》いが、恒久平和なるものは、一方においては国際道徳が真個に向上し、正義人道観が浮ッ調子でなく、月並の乾杯辞的でなく、事実合理的に、且つ徹底的に識認せられ、而して他方においては、国際紛争の種因そのものが事実において絶滅するに至らば、これを欲せずとも自然に到来する。が、その然らざる限りは、漫にこれを要望企図するも効あるものでない。元来平和なるものは、目的でなくして結果である。恰も愉快とか満足とかいうものが人生の目的でなくして結果であるのと同様である。享楽を目的として動くというのは理想を取り違えた論で、或る目的を達するなり或る安定状態の下に置かるるなりの結果が則ち享楽なり、愉快なり、満足なりである。平和もまた然りで、即ち国際道徳の向上、正義人道の信仰、而して国際紛争の種因の絶滅、その結果が則ち恒久平和である。国際道徳向上せず、正義人道は口舌に止まり、将た国際紛争の種因絶滅せざるに、しかもなお且つ平和の維持せらるるあらば、これ唯だ開戦に至らずという迄で、真の平和ではない。各国民互いに戦々兢々として恐怖の間に辛うじて平和を維持し居るのは、決して真個の平和と云えない。大戦前の欧洲の如きは正にそれであった。

期待すべき真の平和

もし平和が結果でなくして目的であるとしたならば、手段の如何を択ばず、又状勢の如何を問わず、いやしくも平和でありさえすればこれを謳歌すべきこととなる。仮にアレキサンドル大帝やナポレオン一世を再起せしめて英雄政治を行わしむるも、ウィルヘルム二世を拉し来たりて世界を軍閥政治の下に圧せしむるも、将た又資本的政治を布いて金でことごとく人間を縛らしむるも、いやしくもこれに依り武力の対抗、反抗、反撥さえ見ざる限り、人々これを平和として歓迎せねばならぬことになる。もとよりかかる平和は永続はしまい。が、或る期間は実力さえあらば続く。その続く間は、天下泰平なりありがたき御代なりとしてこれを慶賀せねばならぬことになる。されど人々の希望し期待する平和は、果してかかる種類の平和であろうか。断じてそうであるまい。世界各国民の希望し期待する平和は、決して圧迫的もしくは弥縫的の平和でなく、国際道徳向上し、正義人道の信仰高まり、而して国際紛争の種因の絶滅に因りて自然に来る所の自然の平和であろう。故にその平和は、目的の平和でなくして結果の平和であらねばならぬ理である。米国には「平和厲行同盟」（League to Enforce Peace）という団体が往年出来た（今でも存続して居るであろう）。が、この命題は、如何なる種類の平和でも、如何に圧迫的将た弥縫的の平和でも、いやしくも平和であり

国際紛争の種因は年々増加

さえすればこれを厲行すべきことを趣意とするが如くに見えて面白くない。のみならず、平和の厲行などは実は徒労である。厲行すべきは平和そのものでなくして、国際道徳の向上である。正義人道の信仰である。国際紛争の種因の絶滅である。これ等を厲行さえすれば、平和はわざわざ厲行せずとも自然に実現する。国際道徳向上せず、正義人道は空念仏に止まり、国際紛争の種因依然簇生しつつある現代にありては、恒久平和は如何にこれを厲行するも、到底その実現を期し得られないのである。

想うに真個に恒久平和の方策を立てんとならば、先ずその本源として、国際紛争の種因の減滅ということに向って攻究を尽さねばならぬ。往年のワシントン会議の開催に関する米国政府の招待状（一九二一年八月十一日付）には、軍備問題審議の要を記したる末、その第三項において、「然れども国際誤解の原因を除き、且つ原則及びその適用に関する協定の基礎を発見するの実際的努力の上に平和の希望が表現せらるるに非ざる限り、軍備縮小の前途は決して有望なりと云うを得ず。故に本政府は、本会議の与うる便宜の下に各国間の意見交換を行い、依って以て今日重要問題として定評ある太平洋及び極東の諸問題の解決を発見し得んことを希望す」と云い、即ち国際紛争の種因を除くのでなければ軍備縮小の前途も有望ならずとの意を明らかにしたのは、適切の見であった。然るに国際紛争の種因は、その量年々加わり、質も年々硬化する

その種因は却って増加

一方である。正義人道も進むが、国際紛争の種因はヨリ多く且つヨリ速やかに殖える。特に経済的角逐及び民族的運動に基く国際紛争の主因副因は、粗より次第に繁に入り、その根幹は天地自然の化育を受けて、年々歳々世界の隅々にまで滋蔓せずんばやまない。恒久平和論は既往大戦後毎に幾回蒸し返されたか測り知れない。三十年戦役後にはグロチウスが出た。グロチウスの説けるは国際法殊に戦律が主で、必ずしも恒久平和論ではなかりしとするも、ナポレオン戦争後の神聖同盟は、その理想は確かに恒久平和にあった。けれども、それは空想であった。十数年の平和は神聖同盟能くこれを保ち得たが、恒久平和は夢であった。要は国際紛争の根幹が芟《さん》絶《せん》し得ないからである。しかも国際紛争の根幹を芟絶するが如きは、現代の国家及び国際組織の下においては到底不可能である。

紛争の平和的処理が最捷径

かくの如く、古来恒久平和案の世に出でたものは幾十種なるを知らぬが、その実行の可能性を有するものとしては、ほとんど絶無と云って可《よろし》い。想うに古来幾多の恒久平和の概ね実行の可能性に乏しき所以のものは、畢竟結果たるべき恒久平和を原因とし、先ず恒久平和案を立てて然る後これに現実の国際関係を結び付けんとするが故である。ここに順序の顚倒がある。真個に恒久平和を期さんとするならば、恒久平和の結果をもたらすべき原因を作り出すことに向って力を注がねばならぬ。しかもその原因の一部たる正義人道の向上は一朝にして成らず、他の一部たる国際紛争の種因の減滅もまた容易ならずとすれば、せめては国際紛争を能う限り干戈に訴えせしめずして平和的に処理する所以の方策を益々洗練し、その運用を層一層に拡大することに努力するのが、迂に似て実は最も捷径である。如何なる経綸の妙案も、実行の可能性を有するものでなければ現実の価値が無い。描ける山海の珍味は一椀の蔬菜に若《し》かない。国際紛争の平和的処理方法の応用の拡大は、世界の恒久平和の理想に向って武歩を進むる上において実行の現に最も可能性を有し、将来益々その可能性を発揮するの見込みある問題である。

無用の戦争をやらぬのが不戦

然らば私の意味する不戦とは何のことかと云うに、一言にして括れば、やらないでも済む戦争は断然やらないというにある。と云えば世人或は笑わん、凡そ戦争は、多少の例外はあらんも、その大多数はやらないで済まぬからやるので、別して今後においては、世に無用の干戈を弄する国は先ず無いと見るべきであるから、足下の謂わゆる不戦なるものは意味を成さないと。一応尤もに聞こゆるが、事実は必ずしも然りとは肯定せしめない。世には無用の戦争が多々ある。否、無用の戦争がやむを得ざる戦争よりも遥かに多いことは、古来今日に至るまで歴史の反復教ゆる所である。後章にしばしば引抄する「国家政策の具としての戦争」（"War as an instrument of national policy"）

なるものも、敢えて自衛のためにやむを得ず干戈を執るのとは異なり、単に一国の侵略的その他独自の政策遂行のための戦争を意味するものであるから、これまた無用の戦争という部類に入るべきものである。政策の具としての戦争の最も手近い実例は、支那の各軍閥間の累年の私闘にある。世人もし無用の戦争の何たるかを解せんと欲するならば、これほど適切の実例を他に見出し得まい。国家政策の具としての戦争は、唯だこの類の私闘を国際的に拡大したものに過ぎず。その無用の戦争たるの性質に至りては寸毫の相違も無い。

戦争は多くは激情の結果

戦争は多くは激情の逆る結果である。利害得失を冷静に打算するの機会なく、瑣少の争因を理性よりも感情に訴えて決し、咄嗟に鞘を抜き払って起つというのが多い。昔は十三四世紀の交、精しく言えば一二九二年、仏国バョンヌ港にて英仏二名の水夫が何かの行違いで相争い、初めは拳固で殴り合って居たが、程なく一方は刃を取って対手を刺殺した。処が、子供の喧嘩に親が出で、その相属する英船と仏船とは港内にて闘い始め、更に洋上に乗り出して相闘い、その揚句は英仏両国政府間の紛糾となり、両国間の戦争となり、遂に転化して一三三七年以降の謂わゆる百年戦争とまでなった。歴史上有名なる百年戦争、その長さにおいて古今に比類なき百年戦争なるものも、元はと云えば、愚にもつかぬ水夫仲間の一私争に過ぎない。こんな例は、古来の国際紛争史上に枚挙するに遑《いとま》なきほどある。

無名の師は米国にも多い

　無用の戦争は、古い言葉で云えば無名の師である。無名の師は、敢えて例を広く東西古今の史乗に求むるを須《もち》いず、現に米国の如きも、近代にありてその標本国の一である。米国は建国以来欧洲大戦に至る百三十四年間に、干戈を弄したこと独立戦争を外にし七回を算するが（第一次フロリダ戦、ブラックホーク戦、第二次フロリダ戦、対メキシコ戦、南北戦、対スペイン戦、及び欧洲戦）、これ等の戦争中、その戦因の国家の存亡に関する絶対必要のものとては、正直の所一も無かった。殊に一八四五年の対墨《メキシコ》戦争は、公平に観て確かに無名の師であった。一八九八年の対西《スペイン》戦争も、民衆殊に共和党の囂々たる声が政府を駆って国を開戦に導ける無理な戦争であった。一国政府が民論の叫びに引き摺られて開戦に邁進したる近代の例としては、米国の対西戦争と旧墺匈《オーストリア・ハンガリー》国の対塞《セルビア》戦争がその双璧である。或いは一九一一年の伊

無名の師の三幅対

国の対土《トルコ》戦争をこれに加え、近代における無名の師の三幅対と見るも妨げない。米国の大戦参加も、ウィルソンの宣戦演説は雄大で、人をしてその参戦は一にも二にも正義人道の崇高なる信念に出でたものと思わしむるに力あったが、しかも対独開戦の真底は、要するに中立国としての自国の利益擁護というにあった。更に砕いて云えば、米国の船舶及び人民の自由航海、軍需品の交戦国への自由売込みで、即ち要は行旅及

び営業の利益の擁護に外ならなかった。行旅及び営業の利益も大切には相違ないが、国家の浮沈に関する問題として論ずるには縁が遠い。必ずしも無名の師として貶すべきでないとしても、もし平和的解決の強い意思が双方にあり、その有力なる機関がその間に儼存して居ったならば、開戦は或いはやらずとも済むものであったかも知れない。

聯盟規約の最重要条項

国際聯盟規約の条文二十六ヶ条は、いずれも聯盟の高遠なる目的を達成せしむる上において極めて重要であり、その間に軽重軒輊《けんち》を挟むべき余地ないが、強いて私をしてその価値に差等を附せしむれば、私は特に第十二条の規定を以て最も大切なものと観、聯盟の使命は、極言すれば、一にこの一ヶ条にありとまで云いたいのである。同第十二条は、凡そ聯盟国間に国交断絶に至るの虞《おそれ》ある紛争が発生したるときは、先ず以てこれを必ず仲裁裁判もしくは司法的解決に訴うるか、聯盟理事会の審査を求むるか、二者必然その一を択ばざるべからざることを命じたものである。私の管見では、この規定は実に国際聯盟規約の最重要の一眼目で、この規定あるにおいて聯盟に始めて意義あり生命ありと確信する。従来国際紛争を平和的に処理する一助として成れる仲裁裁判条約は世に幾許なるを知らざるも、後章に述ぶる如く、いずれも国家の名誉、重大なる利害の問題等をその附議事項より除外せざるはなく、随って大概の重要問題

開戦停止期間

は仲裁裁判の埒外に逃げ去り、たまたま仲裁裁判に附するの合意成るものは、既往多少の例外は勿論あったが、概して国家の平和を脅威するに足らざる比較的軽微の案件が多かった。かく巨口逸して細鱗のみ網に残るようでは、仲裁裁判は極言すれば有れどもほとんど無いと択ばない。然るに国際聯盟規約の本条に至り、始めて平和的処理方法に権威がついた。一切の国際紛争は仲裁裁制の網にかからねば聯盟理事会のそれに落ち、そのいずれかの河口を通過するの後に非ざれば戦争という激浪怒濤の中に流れ出づるを得ないのである。紛争当事国はその解決を平和的手段に俟つか干戈に訴うるかの二者その一を択ぶのではなく、仲裁裁判もしくは司法的解決を仰ぐか聯盟理事会の審査を請うかの二者その一を択ぶべきで、即ち干戈に訴うる前には、先ず否でも応でも仲裁裁判か理事会かに依る平和手段の関門を潜《くぐ》らざるべからざるにおいて、ここに従前に比し著大の差異あるを認むべきである。

　如何なる紛争にても、もし或る方法に依りて激情を冷却せしむるの機会を与うることが能《で》きるならば、開戦の危険率を著しく低下せしめ得べきは論を俟たない。聯盟規約の第十二条は、国際紛争上の激情を冷却せしむる所の一種のモラトリユム、即ち開戦停止期間を与うるものである。この開戦停止期間の設定は、開戦の危険率を低下せしむる上において確かに最良方法である。少なくも最良方法の一である。開戦停止期間は戦熱を冷却せしむるの効あるに加え、仲裁裁判の判決、司法的解決、又は聯盟理事会の報告は世に公表せらるべきであるから、事の是非曲直は天下公衆の前に曝され、国際輿論の批判を受くる訳となるし、又聯盟理事会の審査にありては勧解的、妥協的勧告も或る度合に混和するという関係もあるから、かたがた紛争国も干戈を執るに至らずして事を収めるということは容易に想像し得る所である。現にその例は、上シレシア問題、アーランド島問題等にも見ることが能《で》きる。この類の問題は今後にも続出すべく、その総てが聯盟理事会の審理に依りて妥協的に解決すべしとは限らざるも、中には無事に治まるものもあり得べく、この点において国際聯盟の功能は、如何に聯盟を呪い貶す者といえどもこれを肯認せざるを得ないことと確信する。

その力聯盟外の国に及ばず

故に聯盟規約のこの条項にして誠実に遵守せらるる限りは、聯盟国間にありては、無用の戦争は避け得らるる理である。ロカルノ協定に至りては、更にこの精神を局地的に一層深く且つ鞏固に約束したものである。然るに、これが聯盟以外の国に係る場合となると、これを現在のままに放任するにおいては、無用の戦争が決して起り得ずとは保し難く、その懸念は決して杞憂とは云えない。殊に米国は、今日聯盟の埒外に立つ世界の最大最強の一雄国である。その米国が聯盟の埒外に立ち、上叙の約束を守らずとも可《よろし》い位地に居るということは、よしんば米国の平和に眷々たる誠意は吾等毫もこれを疑わずとするも、国際制度の上においては、無名の師を起さんとすれば起し得るのである。勿論、後章述ぶる所のブライアン平和条約の現に効力を有する米国とポルトガル、デンマーク、スウェーデンの三国間にありては別である。けれどもその以外にありては、たとい無名の師を起しても、正邪の論はとにかく、能否の点においては他国のこれを咎責するに法的根拠の無いものであるから、それだけ国際平和の要求に鑑みて欠陥なしとは云えぬのである。

義戦の解

やらないで済む無用の戦争はやらないとすれば、その反対に、やらざるを得ざる戦争とは如何なる戦争であるか。他に非ず、義戦即ち just war と称すべきものがそれである。何をか然らば義戦と云うかというに、その説明は古来哲人の間に区々である。それ等に対する私の批判及び断案は、かなり詳細に拙著『国際政治の網紀及び連鎖』に説いてあるから（同書第二四一頁ないし第二六二頁）、ここには再叙しない。要す

自衛権

るに義戦とは、第一には最厳正の範囲における自衛戦である。国家の自衛は、一歩進んだる攻侵との間に、実際には的確の分界を立つることの困難なる場合もあるが、理においては厳正にこれが分界を立てねばならぬ。而してその厳正の範囲を逸脱せざる自衛戦は、これを義戦に非ずと否定すべき理由は考えられない。勿論その自衛行為は、必ずしも敵国の我が領土に現に襲撃を加えた場合のみとは限らず、我が死活的権利利

益の侵迫に対する救済を凡ゆる平和手段に求め、しかも対手国が誠意を以てこれを迎えず、甚だしきは恫喝以て我れを屈せしめんとするが如きに対し、我れやむなく救済を干戈に訴うるのは、これまた明らかに自衛戦を以て論ずることが能《で》きる。明治三十七年の我が対露開戦の如きはその一例である。けれども、単に例えば対手国の挙措が或る義務の懈怠というに止まるに対し、武力を以てこれに臨むが如きは、自衛の範囲を脱するもので、その厳に戒むべきは論を俟たない。

　世には自衛戦をも背定せず、戦争を絶対に非認する論者もある。謂わゆる無抵抗主義者の如きはその一である。無抵抗主義にも、戦争の絶対非認より帰納するのと、利害より打算するのとがある。殺人は如何なる場合にも罪悪なり、兵として敵を殺すも犯罪なりと信ずるクエーカー教徒の如きは前者であり、外敵の来襲に対しては結局無抵抗主義に出づるのが却って敵を参らす所以と説くのは後者である。バートランド・ラッセルの謂わゆる passive resistance（Bertrand Russell, *Justice in War-Time*, pp. 44-49 参照）なるものは、その後者を代表せる有力の一意見である。

　もし国家がその対外的権利利益を一切顧念せず、他国が来たりてこれを侵害するあるも、進んで擁護の道を執り、将た他国に対しこれを主張することを一切なさず、即ち国家の対外関係を一に消極主義に止むべきものとするならば、無抵抗主義も或いは可《よろし》いかも知れない。けれども国際競争の間に処してもし我が権利利益を擁護し又主張せんとするのならば、かかる消極的方針では全然その効なきこと弁を俟たない。無抵抗主義は人類以外の動物界に行わるる現象である。動物界にありては、攻撃は強者より弱者に対して行うを常とする。而して弱者は必ず身の安全を計りて逃げ、敢えて抵抗しない。稀には強者に向って反噬《はんぜい》することもあれど、そは逃げ場を失って百計尽きた時で、いやしくも逃げ得る限りは必ず逃げる。動物には名誉のために闘うとか、義侠のために動くとか、権利を主張するとかは絶対に無いから、運を賭して戦い成敗を問わずして争うが如きこともまた随って無い。その争うのは強者であるが故で、その逃ぐるのは弱者と自信して遅れを取るからである。故に強者が攻撃に出でて無理を強いんとすれば、弱者は必然無抵抗主義を執り、己れの意に反してでもこれに応ずるか、又は逃げてその鋭鋒を避ける。力の互角である場合には双方屈せず相闘うこともあらんが、少しでも自ら劣ると信ぜば遠慮なく無抵抗主義に出る。無抵抗主義は強者の跋扈を容認する動物界の現象を移して人類界に適用せんとするものである。

且つ無抵抗主義は、社会を法律も法廷も無き太古の時代に立ち戻らしむるか、将た法律も法廷も要せざる理想の黄金時代に一足飛びに走らしむるものである。他人来たりて我が権利利益を侵害する。我れこれが保護を法律に求め、救済を法廷に仰ぐをなさずして、無抵抗主義を執りて他人の疲るるを俟つのは、法律も法廷もこれを不用とするのと実質において択ばない。然るに現実のこの社会において、法律及びその執行機関を不用として果して秩序の維持が保たれようか。今移してこれを国際の関係に観る。他国にして我が権利利害を侵害するあらば、我れこれが救済を国際法に求め、国際聯盟に求め、仲裁裁判その他の平和処理方法に求め、而して到底解決に見込みなくんば、やむなくこれを干戈に訴える。不義不当の開戦は論外とし、又開戦を賭して争うべきほどの重大なる権利利益の侵害を受けたのでなければ、これまた別問題とし、その到底干戈に訴えてまでも争わざるべからざる真個重大の権利利益の侵害に会しては、無抵抗主義にては国が立ち行かない。

自衛権の濫用を戒む

更に戦争の絶対非認を前提とする無抵抗主義を観るに、この主義は要するに国家の自衛権のためにする戦争をも罪悪として非認するのであるから、随って国家の自衛権そのものを非認するのでなければ論理徹底しない。然るに戦争は必ずしも常に罪悪と見るは当らない。謂わゆる義戦は罪悪を以て論ずべきでない。国家は法律を以て社会の秩序を保ち、民人の権利を保護する。にも拘らず己れ直接に手を下して対手に制裁を加うれば、これは言うまでもなく犯罪であり、罪悪である。けれども、人あり来たりて我に襲撃を加える、我れやむなく絶対必要の範囲において力を以てこれを撃攘する、そこまでは可なりとし、その以上は法律の任である。その法律の任に達するまでの範囲における自衛は犯罪とはならない。国家の自衛権に基く戦争もまた同様に論ずることが能《で》きる。但だ国際間にありては、絶対必要なる自衛の範囲を超えたる部分は法律これが保護の任に当るというその法律の強制力が無いから、国家の自衛の範囲は個人のそれよりも自然広且つ漠となる。個人の正当防衛権に就いては、法律のこれを問うと問わざるとの範囲及び性質は明瞭であり、明瞭ならざるものは法律がこれを明瞭にするが、国家の自衛権に至りてはその範囲及び性質は不明瞭で、且つその不明瞭を明瞭にすべき優越のポジチーヴ・ローも無いから、その解釈は利害に依りて広狭を生じ、ややもすればこれを濫用せしむるの余地を与うるのである。故に戒むべきは国家自衛権なるものの濫用である。

戦争の存在と国際道徳

世には戦争の存在を以て、国際道徳の不進歩の一現象として論ずる者もある。人を屠り財を毀ち文明を破壊するのは、理において道徳的でないこと勿論であるが、しかも戦争存在の事実をば一概に国際道徳の不進歩の反映と見るのも、理の徹底せざる嫌がある。戦争の存在は、制裁方法の不備に伴う一の国際社会的欠陥である。けれども、制裁方法が不備もしくは不当であるからとて、道徳そのものが不進歩であり低級であるとは私は思わない。我国でも維新前には、復仇は或る程度に公許せられてあった。

即ち個人間の或る種の戦争が是認せられてあったのである。然しながらこれがために、徳川時代の個人道徳が明治ないしは昭和の時代のそれよりも劣って居ったと云えまい。理はそれと同じである。国際の制裁方法たる仲裁裁判その他の制度が確と成立してあって、しかもこれを無視して勝手に戦争をやれば、それは明らかに秩序を紊す行為であるから、背信なり国際道徳違反なりを以て論ずるを得るけれども、その制裁方決が確立して居らざる以上、理非曲直を干戈に訴える風習があればとて、目するに国際道徳の不進歩を以てするのは酷で、恰も国内法廷の制度が備わらず、権利利益の侵害を法に訴えて救済して貰う道が無い時代に、事を決闘に訴うることの不道徳を以て論ずるの酷なると択ばない。故に今日の急務は、戦争を違法又は非道として排斥するよりも、戦争の基となるべき国際紛争を仲裁裁判その他の平和的方法に依り解決することの道を層一層に完成するにある。さもなくば、戦争を違法なり非道なりとして排斥する理由が薄弱たるを免れない。不戦条約論はこの意義から出発するものである。

第二章　不戦条約の能否

戦因あらば不戦の約束は不可能

不戦条約は、現に国運を賭して戦わねばならぬほどの相容れざる重大利害が目前にあり、それが戦因となりて当該両国間に伏在して居る限りは、如何にこれを取り結ばんとしても、そは到底不可能である。例えば我国の過去に就いて云えば、明治二十七八年の日清戦役以前にありては、日清両国は互いに朝鮮に対する覇権を相争い、その利害は到底調和するを得ざるものであったから、当時日清両国間に仮に不戦の約束をなさんとしても、そは能《で》きぬ相談であった。三十七八年の日露戦役前においても、我国は満韓問題にて妥協し、依って以て戦禍を未前に防がんと試みて見たが、露国は依然満洲を併呑し、朝鮮をもその掌中に握り、覇を極東に樹て、飽くまで恫喝以て我国を屏息せしめずんばやまざるの方針であったので、利害は到底衝突せずんば収まらず、我国の妥協的方針も遂に容れらるる余地が無かった。欧洲大戦前における墺露ないし独英の関係に就いても、これまた同様に論ずべきである。

かくの如く当該両国間において、利害が衝突せずんばやまざる趨勢の下に戦因が常に蟠って居ったのでは、如何に不戦の約束をその間に試みんとしても、結局痴人の夢を談ずると択ぶ所ない訳である。然るにこれと反対に、もし当該両国間に真個の利害の衝突なく、真個の戦因なるものが存在せざるにおいては、而して両国にして真に誠意を以て国交を維持増進せんと欲するにおいては、不戦条約の締結は決して不可能ではないと信ずる。

軍縮は遅るれば益々困難

軍備の縮小は誰しも希望し、現に列国共にこれを実行したき意図を有せざるはない。けれども、それがなかなか実現しない。本年三月ジュネーヴにて開催せられたる国際聯盟の軍備縮小準備委員会において、露国代表リトヴィノフはその提出せる軍備全廃案の説明演説中に、国際聯盟は既に百二十回に亘りて種々の名義の下に軍備問題を取扱い、既に百十一の決議を採択したが、未だ一歩もその実現の階梯を履み居らずと述べ、その小田原評議を大いに嘲笑した。実際かく嘲笑せられても、列国は正直の処これが弁解に一言の辞もない始末である。元々軍備の大縮小は、大戦の直後列国民が深く戦禍の苦しさと馬鹿らしさを痛感し、挙世干戈を呪うの情に最も強烈なる際においてこそ能《で》きることで、それが五年と経ち十年と過ぎるに及んでは、一方においてはさきの戦乱に対する苦痛の実感は既に消え失せ、他方には戦禍の新種因が年一年と増加するから、軍備縮小は次第に困難、すこぶる困難、遂には到底不可能ということになる。然るに従来聯盟の軍縮諸会議においては、討議がいつも政治的大局よりも技術的見地において行われ、支葉の細目をほじくるに忙しい始末であるから、その業務の捗取らないのも実は怪しむべくもない。

けれども、それが如何に遅れて実行次第に困難の度を加うるとは云え、これを今日

軍縮達成は戦因除去にある

のままに任かして置いたのでは世界は結局破産するの外ないから、何とかして能う限りの程度において、これが実現を計らねばならぬこと論を俟たない。さりながら軍備の縮小なるものは、単に艦型トン数や、備砲の口径や、兵馬の員数などの協定で真個に目的が達成せらるるものではない。軍備の徹底的縮小は、かかる技術的見地の討究からは離れ、更に戦因の減滅と国際紛争の平和的解決方法の完成という大局的考察の下において始めて期し得らるるのである。勿論往年の華府《ワシントン》会議の主力艦比率協定に依り、海軍制限は或る程度に出来た。けれどもその出来たのは、比率協定そのものよりも、日米英三国間には差し当り戦因という戦因が無かったこと、及び三国共に少なくも当分の間平和を維持しようという精神があったからである。いやしくも当時目前に戦因が存し、胸底に戦意が蟠って居ったならば、如何に軍艦の比率を協定した所で、又これを協定せんと欲したればとて、それは能《で》きるものでない。

日米間に今日戦因なし

この意味において、他国間の関係は暫く別問題とし、日米の関係は今日幸福の位地にあると云うべきである。今日日米間に戦因があるか、何等かの形においてそれが伏在して居るかと云えば、私は事実何も無いと断言したい。勿論米国の往年の排日的移民法、それは確かに不都合で、吾等日本国民は挙って甚だしくこれを不快とする。正義人道を好んで口にする米国民が、自ら正義に悖り人道に反する人種的差別をその立法上に行い、恬として恥じざるに至っては、その矛盾の甚だしきに呆れざらんとするも得ない。けれども、米国の排日的土地法や移民法は、我国としては不快至極であるのは勿論だが、しかも敢えて我国の安危存亡に関すという死活問題ではない。別言すれば、我国として敢えて国運を賭し、干戈に訴えて争わねばならぬ性質のものではない。その解決は飽くまで外交上の折衝と、米国民の自覚と、而して在米本邦人の米国民との層一層の友愛的感情の増進に俟つべきものである。移民問題を兵馬艦艇の力にて解決せんとするが如きは、愚に非ずんば狂で、その必然性又は可能性は到底想像し得られない。勿論排日的移民法で我が国民の対米反感が加わり、又は特に加わらずとも減ぜず、日米両国民の感情が釈然たらずして打ち過ぎつつあるにおいては、この間に生起することあるべき紛争案件で、性質においては格別重大のものでなく、随って両国民の好感情の下にありては談笑の間に解決せられ得べき些小の問題にありても、化して心ならずも重大問題となり、ために国交を危うするに至ることとなしとも限らない。けれども、こは問題の処理に関する外交の運用が宜しきを得ざるがためで、移民問題そのものを戦因として論ずるのは、原因と導火線とを混同する論である。

然らば支那問題、支那における日米の利害問題はどうであるかと云うに、これとても日米両国の双方又はいずれかにして侵略主義を執るに非ざる限り、武力の衝突は想像し得られない。米国の支那における活躍は近年なかなか目覚ましい。けれども、米国の対支政策の根本方針は、究極の所支那において機会均等主義の下に経済的利益を深さと幅さとにおいて拡張せんとする以外に、格別のものはあるまい。この方針は、もし我国にして支那の資源を壟断し、支那の市場を独占し、支那の経済的利益を我国独り奪って他列国の前に鎖すというならば格別、さもないで我国が文字の上におけると均しく精神においても、支那の門戸開放、機会均等の主義を誠実に守る限りは、決して我国のそれと衝突すべきはずは無い。往年の華府《ワシントン》会議において謂わゆるヒュース案の出でた折、我が全権は、支那において我が日本の有する特殊利益とは単に現在の状態を指すもので、決して将来排外的の利権を設定するの意でなく、別言すれば、現に十数万の居留民を有し、数億円の投費をなせる現在の事実を特殊利益と称するので、日本は将来独占的に経済上の利権を獲得するの意図を有するものでない、ということを宣明し、この諒解を基礎として支那に関する九国条約が成立した次第で、たとい特殊利益なるものに就いて我国が如何様の新解釈を立つるにもせよ、事実において右宣明の意味より離るることは不可能である。

　要するに支那に関して米国の執る所の我国に対する方針は、畢竟我国の支那において従来ややもすれば把握せんとするものと視られたる経済上の独占的位地——その観察の当れるか否かは別とし、とにかく米国では爾《しか》く視る風がある——を排して均等的位地に立たんとするにあるべく、敢えて己れ日本に代って独占的位地を占めんとするにありとは思えない。邪推をしては際限ないが、私は善意に、右様に解したい。もし米国のこの方針が、それでも我国に取りて不埒なり、不都合なりというならば別論である。けれども仮に地を易《か》え、我国を米国の位地に立たしむれば、やはりこの方針を執らざるを得ない訳であるから、それが米国だから不埒なり、不都合なりというのは正しい見方でない。而して日米両国の支那に対する関係にして以上の如きものである限りは、これまたそこに戦因が伏在するとは到底思えぬのである。

　この外に、なお何か日米両国間に戦因と認むべきものがあるかと云えば、遠き五十年、百年の後を想像すればとにかく、吾等の視界の達する近き将来のここ五年間、十年間の関する限りにおいては、差し当り何も無いと断言し得られる。日米の双方又は一方が対手の政策に対し、疑心暗鬼を以て揣摩臆測すれば限りが無い。既往二十年来の日米の国交をややもすれば阻害せんとしたものは、皆それであった。即ちいずれも外交上の幻妖錯覚に過ぎない。過去においては両国民中にこれに惑わされた者もあったが、今日は人々の眼は大分開かれた。別して往年の華府《ワシントン》会議以来、双方の誤解はほとんど一掃せられ、両国の親好上特に陰翳と認むべきものは、移民問題を外にしてはほとんど無きに至った。随って今日日米間に利害の到底調和し難く、随って国運を賭して相争わねばならぬ死活的大問題が存在すと見る者は、最早あるまい。尤も両国の各軍部方面や、造兵造艦当業者や、好乱的志士論客や、外交なるものを徒らに権謀術数視する旧式の対外論者の間には、日米間に今にも衝突が起りそうに触れ廻る者が少なからずある。けれども、かかる不健全のジンゴイストは何れの時代にもある。何れの国にもある。同盟国の国民の間にすらある。唯だそれ等は国民中の一小部分で、識者は与しないという迄である。且つ試みに彼等に向って、然らば日米間の関係には現実これを危険視すべき事態が存するかと具体的に反問すれば、恐らくは明答は能き《で》まい。既に日米間には、特にこれと指すことを得る戦因が差し当り無いとすれば、而して実際、国交を必然的に危うせしむるような性質の大問題は無いのであるから、いやしくも両国にして好んで侵略主義を執らず、能う限り国交の親善を維持せんとの精神さえ堅固であるならば、両国間に時に生起することあるべき凡ゆる紛争は、ことごとく平和的手段に依りて解決し得られざる理なしということになる。

国際の情勢は大凡見当がつく

かく云えば論者或いは詰らん、日米間に今日戦因なしなどと断言するのは余りに大胆である、戦争は何時どんな予知せざる原因で勃発せぬと限らない、それを当分戦因なしと断言するが如きは大胆であり、危険であると。これに対しては私は簡単に答える。予知せざる原因というようなことを気遣って軍備を計画するというのでは、国を挙げて兵馬艦艇となしてこれに備うるもなお足らない。今日の友国も何時敵国となるかも知れず、襲撃が何時世界何れの方面から来るかも測り知れずと心配して居ったのでは、世界列国を挙げて擬想敵国とし、国家の財政を挙げて軍備に投じ、世界を対手に何時にても相戦うという戦時気分に年が年中なって居るのでなければ、一日として意を安んずることが能《で》きなくなる。果してそうすれば、国家は敵と戦わざる前に先ず自滅して了う。国際の情勢は天変地異とは類を異にし、大凡の見当はつくものである。各国の去就向背も、全然採算の能《で》きぬというものではない。勿論世界に不易の盟邦はなく、永遠の敵国もない。けれども、それは五十年とか百年とかいう比較的長い日月の間に就いて云うことで、吾々の外交的視界のほぼ達する五年十年の間には、全然予想せざる突発事件で友国がたちまち敵国となるというが如きことは、稀にはあらんも常にはない。サラエヴォの一弾が投じたる欧洲大戦も、突発といえば突発であったに相違ないが、しかも予てから欧洲の一隅に一大火薬庫ありて、早晩それが爆発すべく、誰か来たりて火を点せば、意外に早く欧洲の大禍乱を捲起すべしとは、欧洲の形勢に通ずる者は夙に予感して居った。伊国が三国同盟を脱して敵国に走ったのも、墺伊の関係を熟知せる者は夙にその可能的なるを認めた所で、事後敢えて訝るにも及ばぬことであった。

要するに国際の関係は、遠き未来を卜するは人智の許さざる所であるけれども、五年十年の近き将来の関する限りにおいては、日米の関係には重大なる戦因が伏在すとは到底予想せんとして得ない。移民問題や支那における経済的活動が禍因と認むべからざることは前に述べた。その他に如何なる戦因を想像すべき。突如狂人の一団出でて使臣に危害を加うるとか、在留の対手国民を虐殺するとかの突飛な変態を想像すれば限りないが、それは天の崩墜して身の寄する所なきに至らんことを憂えたる杞人に類し、かかる杞憂を目安に軍備を按画するのでは際限がない。ここ数年間に国運を賭して生死を争うべき戦因なしとすれば、軍備は双方思い切って縮小するを得る訳で、それが能《で》きぬとあらば、そは双方の誠意と理解とになお足らざる所があるためで、外交はその誠意と理解を促すことに就いて一段の努力をなさねばならぬ。外交がその点に向って働き得ぬようでは、何のために国家に外交機関を設けて置くのか疑わざるを得ない。

第三章　不戦条約の種類

第一項　往古の不戦条約又はその私案

ギリシャの宗盟会議

不戦条約なり、将た古の明君賢相、学者哲人等に依りて世に問われたるその各種私案は、必ずしも今日の新発明ではなく、古来その標本を見出すに乏しきを感じない。遠き昔のギリシャ諸市国間における宗盟会議（Amphictyonic council）は、締盟諸都市がアポロの神殿の前に訂盟せる一種の不戦条約の成果であった。宗盟会議は当年の宗教同盟の表現である。往古ギリシャ人は、宗教上の儀式及び祝祭をば或いは各都市特立的に行い、或いは近隣共同の一集団として定期にこれを行うものもあった。その特立して行えるものはオリムピック、フェニシアン、ネメアン、イスミアン等の競戯となり、共同して行えるものは化して謂わゆる宗盟会議なるものとなった。宗盟会議の原語アムフィクチオニーは、ギリシャの神祖 Hellon の弟として古代史に伝えらるる神話の一勇士 Amphictyon に字源を発せりとのことなるが、その後附近の往者即ち隣人の意に用い、更に一転して近隣の種族もしくは都市がその共同財産視する或る特定の神殿に犠牲を供せんがため、定時相会同する宗儀上の会議を意味するに至った。この会議はドリアン族の征服以前よりギリシャ各地方に存在して居ったが、その発達の旺盛を示したのは紀元前七世紀の初葉で、当時特に有名なりしはデルフィの同会議である。この会議は春秋二季に定期に行われ、春季のは同地のアポロ神殿にて（紀元前四七七年、エジアン海に沿える諸都市がペルシャとの大戦後アテネを盟主として政治的聯盟を組織するや、該聯盟の中枢を同殿に擬した）、秋季のは同地より遠からぬテルモパイリーのデメテル神殿で開催するのが常であった。

宗盟会議は、当初は独立の都市国十二にてこれを組織し、その主たる目的は、締盟国互いに相約してデルフィの神殿及び宗儀の威信を支持し、神殿所属財産を保護増殖し、兼ねて締盟都市の独立を保障し、その侵犯者に対しては他の締盟都市国相聯合してこれを討伐するにあった。その後若干の政治的約束は加味せられ、或いは締盟都市国間の各種紛争を調停し、又不逞と認めたる都市国に罰金を課し、将た進んで神聖戦争を宣したる例もある。クリサ市が巡礼者に対し通行税を賦課するの挙あるや、罰として同市の破壊を宣し、遂に謂わゆる第一次神聖戦争（紀元前五九五年ないし五八五年）を惹起し、又フォシアン、フムフィスエアンの両族が神領地を侵蝕せりとの故を以て第二次神聖戦争（紀元前三五七《ママ》年）を開始したる事蹟は史上で詳かである。

想うに当時のギリシャにありては、宗教と法律とは同意義で、法律の権威はこれを神に承け、その制裁は則ち神意にして、法律を犯すは神に対する罪悪なり、というのがその基礎観念であったから、宗盟会議の趣旨には欧洲の国際法の観念の一淵源と看倣し得べきものがある。勿論宗盟会議の性質は、今日の国際聯盟の観念を以てこれを類似的に推断するを得るものではないが、その聯盟各員は聯盟以外の諸都市に対し相結合せる一団として互いに自覚したるの点は認むべく、それが後年のギリシャの国民的結合を作れる一階梯なりしことは争われない。要するに宗盟会議は、かくの如くにして不完全ながらも当時ギリシャを構成せる独立諸都市の、少なくも締盟諸都市間の、不戦聯盟の楔子たるの形式を有したものである。しかも年所を経ると共にその影は次第に薄らぎ、殊に後年アテネの勢力衰え、マセドン王フィリップの威を揮うに至れる頃よりその権威は漸く弱まり、遂にいつとなく自然消滅した。

十四五世紀に現れたる不戦論

爾後欧洲に不戦論の盛んに簇出したのは十四五世紀である。先ず以て仏人デューボアは、一三〇五年にその著『聖地の復興』においてキリスト教国間に平和維持の一大同盟を作り、同時に同盟国間の紛争を裁定すべき常設仲裁裁判所の設置と、背信国に向って経済的絶交の制裁を行うの議を説いた。所論もとより粗漫ではあったが、当時率先して一種の国際的不戦聯盟を考案し且つ高調した者として、彼はけだし斯道の先達者、もしくは少なくもその一人に推すべきである。降ってはベーメン（ボヘミア）の宰相マリニも、一四六一年にほぼ類似の意見を世に出し、更に降っては葡《ポルトガル》国コイムブラ大学のスアレス、オックスフォード大学のゲンチリス、国際法の鼻祖グロチウス

十七八世紀における不戦論の大流行

クルーセの『新シネー』

の如き、よしんば不戦そのものを専門に提唱せしに非ざりしにせよ、恒久平和の基礎観念を鼓吹するには与りて大いに力あった。

しかも十六世紀の末葉より十七世紀を経、十八世紀にかけては、その間に前後三十有六年に亘れる仏国の継続的内乱（一五六二年ないし同九八年）、謂わゆる三十年戦争（一六一八年ないし同四八年）、スペイン継承戦争（一七〇二年ないし同一三年）を始めとし、その他の小競合は欧洲各方面に累年反覆せられてほとんど寧歳なかった。随ってこれに連れて、欧洲は正に不戦論の大流行の秋を迎えた。この間において逐次叢生したる幾多の不戦論中、そのやや広く人口に膾炙したものは、これを年代順にし、十七世紀にありてはクルーセ案（一六二三年）、グロチウス案（一六二五年）、アンリー四世案、一名ド・スーリー案（一六三八年）、ウィリアム・ペン案（一六九三年）等で、十八世紀に入りサン・ピエール案（一七一三年）、ルーソー案（一七六一年）、ベンザム案（一七八九年）、カント案（一七九五年）等を推すに何人も異議なき所である。今これ等諸案中の重なるものの内容に就いてその一斑を左に摘記する。

その第一は、仏人クルーセの案である。クルーセが一六二三年を以て世に出したる一般平和論即ち『新シネー』（Eméric Crucé, *Le Nouveau Cynée, ou Discours d'Etat représentant les occasion et Moyens d'établir une Paix générale et la liberté du commerce par tout le Monde*）は、往

古エピルスの猛王ピルース（Pyrrhus, 318-293 B. C.）に仕え、ローマに使して外交上に功績を立てしテッサリーの政治家シネアス（Cineas, Cynée）に意を寓し、第二のシネアスを仮作してその口を藉り平和策を世に提したものである。今は昔、ピルース王がローマ征討の画策に余念なかった或る日のこと、シネアスは王に奏した、「陛下、ローマ人は音に聞く勇猛の武者にて候、天幸に武運を陛下に与え、陛下能くローマに打ち勝ち給わば、その勝利を何に利用し給うか」と。ピルースは答えた、「そは言わずもがな、朕は全イタリアを支配し、大いに福利を挙げん」と。シネアスは再び奏す、「イタリアを征服し給いたる後、その次は何れに向わるべき」。「マセドンを奪回し、ギリシャをして朕が軍の到るを俟たしめる」。「その次は」。王答う、「その次はシシリーを挙げて朕が領下とする」。「その次は」。「大いに飲んで泰平を謳い、愉快に日を送ろう」。そこでシネアスは改めて奏した、「それならば何も血を流し財を糜《ついや》し、億兆を塗炭の苦に陥れて然る後にその日の来るを俟ち給うには及び申さず、陛下にして泰平を欲し給わば、今が今でも世は泰平になり、今からでも愉快に日を送り得られべく候」と。これが昔あったと伝えらるる問答である。クルーセは意匠をこれに採り、人々いやしくも恒久平和に志さば、その決心さえあらば、今が今でもこれを実現せしむるに難くない、という意を以て書いたのがその『新シネー』である。彼の恒久平和案は、

グロチウスの国際会議裁定案

要するに各国は紛争を干戈に訴えて決するに先だち、特定の審議機関に依りてこれが解決を計らしめる、而してその審議機関としては、或る一都会に常設すべき使節団を以てこれに充てると云うにある（その一都会として彼はヴェニスを好位地なるべしと記した）。自国の利害を専一に代表する各国使節の集団に利害を離れたる公平無私の審議裁定を期待するが如きは、謂わゆる木に縁りて魚を求むるの類であるが、とにかく理想を国際紛争の審議機関の設定に置き、これを具体的に論述したるものとしては、デューボアに次いで彼はその先駆者の一に推すべきものであるのみならず、特に戦争と経済の関係に立脚して国際平和を論じた所、後年のノルマン・エンジェルの名著『大幻想』の先緒たりしものと謂える。

クルーセの『新シネー』が出てから二年にして、グロチウスの有名なる『平戦法規』が世に現われた。グロチウスのことは人口に膾炙するので、今絮説しないが、彼はその『平戦法規』において「キリスト教諸国の或る国際会議を時々相開き、該諸国間に起れる紛争をその会議において利害関係なき他国をして裁定せしめ、且つ紛争当事国をして衡平の条件の下に平和を受諾せしむべきこととなすは、ただに利便多きのみならず必要のことに属す」（Grotius, W. Whewell, 英訳, *The Laws of War and Peace*, II. p. 406）と述べたのは骨子で、その着想はこれをクルーセに承けたこと少なくない

(Prof. Nys, *Etudes de Droit International et de Droit Politique*, p. 316 参照)。但だクルーセは紛争の審理機関を常設の使節団としたるに対し、グロチウスはこれを常設とせず、定期もしくは臨時の国際会議を以てこれに充てしむるというの点において少差を認むべきである。

アンリー四世の「大意匠」

けれども十七世紀のやや傑出したる恒久平和案としては、普通には仏のアンリー四世王、(Henri IV, 1553-1610) の謂わゆる「大意匠」即ち "Grand Design" なるものをその首位に推す。彼が提唱したるこの「大意匠」は、事実彼れ自身がほとんどこれを考案したのではなく、これを画策したものは一に王の忠実なる宰相且つ水魚の友で、王を輔弼して内治外交上に偉績を留めたるド・スーリー (Duc de Sully, 1560-1641) である。尤もアンリー四世も自身国際政治の眼識を有し、自身外交の局に当り、自身幾多の国際紛争を調停したこともあり、その平素はド・スーリこれを体して「大意匠」中に少なからず加味したものと見るべく、殊に、ド・スーリーは元来が財政家で、その長所は外政よりもむしろ内政にあったから、彼を唯一の筋書著作者なりとは認められざるのみならず、彼を誣ゆるものは、彼が当時たまたま君寵の衰えかかったので、これを盛り返して政権を維持せんがため、王意に迎合してこれを拵え揚げたものなりと評せるのもある。

その穿鑿は措くとし、当時欧洲の大問題は新旧両教徒の紛争その要部を占め、欧洲の平和はこれがために常に脅威を受けつつあった。時の神聖ローマ皇帝フェルディナンドはオーストリアの大公国とハンガリー及びベーメンの両王国を兼領し、又その甥のフィリップ二世はスペイン王として欧洲を睥睨し、その勢力はイタリア半島にも及び、共にカトリック同盟の牛耳を執りて新教徒たる仏王アンリー四世を脅圧するの概があったので、彼は対抗策としてイギリス、スコットランド、スウェーデン、デンマークと聯合し、オランダを援けてスペイン所領諸州をその手に収めしめ、スイスをしてチロルその他二三《にさん》州を領せしめ、ドイツ諸侯をハップスブルグ皇家の羈絆より脱せしめ、ハンガリー及びベーメンを独立の選挙王国に復せしめて極力オーストリアの勢力を殺ぎ、スペインをイタリア半島より駆逐し、その領土を地中海とピレニース山脈とにて繞囲するスペイン半島内に限局せしめ、別にサルディニア外数島嶼と大陸方面の植民地をこれに与え、その植民熱を鼓吹し、眼を国外万里の富源に眩せしめて欧洲よりこれを敬遠する、これがアンリー四世の外交方針であった。この外交方針にして所期通りに行われたならば、欧洲は六箇の世襲王国、六箇の選挙王国、三箇の聯邦共和国、以上の三種十五ヶ国となるべきであったのである。

すなわち彼の「大意匠」に依れば、（第一）以上の十五ヶ国は合して一大キリスト教共和団を作り、団内にありてはカトリック派、ルーテル派、及びカルヴァン派（仏国の神学者John Calvinの開きし謂わゆるカルヴィニズム）のキリスト三派の布教は全然自由なること、（第二）欧洲総会議を設定し、各国よりの代表者総員四十名を以て毎年各国交順にその都市にてこれを開き、国際間の利害の調和、紛争の調停、その他重大事項を審議すること、（第三）範を往古のギリシャの宗盟会議に取り、総会議の監督の下に地方的事項の審議機関として北ヨーロッパ、ローマ帝国、東方諸国、南北両イタリア、及び西ヨーロッパの六部に別てる地方会議を設置し、地方会議の決定に就いて不服ある場合にはこれを総会議に訴願することを得ること、（第四）共和団所属団は共同の軍備として、総会議にて決定する各国資力査定に準拠し、一定の陸海軍を提供すること、（第五）かくして一大共和団の成る上は、トルコを埒外に駆逐し、キリスト教的主義思想に依りて欧洲の統一及び平和の維持を期すること、以上がその要旨であった。

けれどもこの「大意匠」は、国際全局の恒久平和を標榜して立案せられたものであったに拘らず、その根柢にはオーストリア排斥という政治的偏見があり、且つキリスト教擁護の誓約の下に異教国たるトルコをば国際団の埒外に駆逐し、剰え露国をもその領土の大部分がアジアにあり、且つ配下にキリストの教化に霑《うるお》わざる蛮族少なからずとの理由で、これを共和団に招請しなかったというが如く、すこぶる偏狭の思想に囚われてあったので、至誠を人々の腹心に推すという力に乏しかった。随って「大意匠」は、当年の欧州国際政治の見地より割り出せる体の善い一種の戦国策士案で、自国本位の色彩が余りに眼につい《ママ》のみならず、帝権打破をその一目的と声言したる他の一方において、同案の眼目としたる欧洲キリスト教諸国の共和団なるものをして陰然仏国王を盟主に戴かめしんとしたのは、明らかに矛盾であった。別言すれば、「大意匠」の精神はオーストリアの皇家を挫き、欧洲の地図を改造し、武力に依りて樹てられたる現状を武力に依りて維持するの目的の下に一種の武装的大同盟を作らんとするに外ならぬものであったから、これを恒久平和案と称するは名において当らざると同時に、実においても適合しない。随ってその成功は初めより覚束なかったのであるが、搗《か》てて加えてその有力なる後援者たりし英のエリサベス女皇の崩御（一六三〇年）はこれが実行上に大打撃を与え、而してアンリー四世その人自身もカトリック教徒たる一狂人の暗弑に遭い（一六一〇年）ために遂にその実現を見るに至らず、僅かに一片の理想、むしろ空想として埋没せられた。けれども、それが一片の理想なりしにもせよ、空想なりしにもせよ、将た名実相副わざること前述の如くであったにもせよ、とにかく一種の恒久平和案として範を後人の研究に残したる一先蹤たりしは否むべからざる所で、一史家が「爾後世に簇出したる幾多の恒久平和案は、直接か間接か、将た偶然か不偶然か、いずれもその基礎をこの大意匠に置かざるはない」（W. A. Phillips, *Confederation of Europe*, p. 19）と評したのは、けだし適切の言であろう。

ウィリアム・ペンの欧洲元首議会案

その後に出でたものはウィリアム・ペンの恒久平和案である。この恒久平和案は、アンリー四世の戦国策士的平和案に比すれば遥かに公正真摯に平和策を説いたものである。彼は欧洲平和のとかくにルイ十四世に依りて攪乱せられるのを慨し、戦乱酣なる間に処して一六九三年に一代の名著（William Penn, *Essay towards the Present and Future Peace of Europe*）を出し、その第四章において「平和の希望を達する真個の手段は戦争に非ずして正義である、而して政府は平和的生活を期して相結合せる社会の成果なるが故に、正義は則ち政府の成果である、故に社会と独立人格を代表する所の国君は、人類が社会を構成する所以の理由と同じ理由に因り、平和と秩序を愛し、相会して欧洲の元首議会を組織すべし」と論じ、列国をしてこの欧洲元首議会に強制的に加盟せしめ、その協力にて欧洲の平和を維持すべきを説き、併せて国際仲裁裁判所の設置を唱道した。が、多少の共鳴者を北米の新天地に見出せし以外に、当時欧洲においてはほとんど何等の反響を聞く所なかった。

然るにウィリアム・ペンの死に先だつこと数年前、仏国のアッベ・ド・サン・ピエ

サン・ピエールの欧洲大同盟案

ール（Abbé de Saint Pierre）の欧洲大同盟《グランド・アリアンス》を着想とせる恒久平和案が世に出でた。即ち彼は一七一二年、ユトレヒト講和談判の仏国全権ド・ポリニャック（Cardinal de Polignac）に随い同地に赴ける折、深く国際の将来に感ずる所あり、その多年胸底に抱きし恒久平和案を推敲し、同年 *Les Mémoires pour rendre la Paix Perpétuelle en Europe* と題せる一書を匿名にてキョルンにおいて出版した。一七一一年十二月二十二日のユトレヒト講和条約の前文、及び同一三年三月三十一日のユトレヒト英仏講和条約の第二十四条において、共に恒久平和のことが特に掲記せられたのは、彼の意見が少なからず加味せられた結果であろう。サン・ピエールはその翌一七一三年に、今度は本名を露わして *Projet pour rendre la Perpétuelle en Europe* というのを出した。前の *Mémoires* は摘要の一小冊子であるが、この *Projet* は二巻七百頁の大冊である。然る後四年を経たる一七一七年に、彼は更にこれに次げる第三巻を上梓した。この第三巻の表題はすこぶる長大のもので、且つその表題中において、その平和案の要旨と併せて彼の如何にアンリー四世の考案に負うえるかが明らかに示されてある。然るに右三巻の余りに浩瀚で、世人の洽《あまね》く閲読を買う《ママ》に便ならざりしより、彼はその後十二年を経たる一七二九年に、右を縮小したる『恒久平和案要領』（*Abrégé de Projet*……）を公刊した。

これ等数巻の書に通じて現われたる彼の主張は、要するに国際社会をキリスト教の道徳に依りて結合せしむるという月並論を出でぬが、その具体案には多少の見るべきものもあった。彼の欧洲大同盟の着想は、ウェストファリア条約に依りて設定せられたるドイツ聯邦の上においてこれを獲た。ドイツ聯邦諸侯は、互いに守るには固く攻むるには力足らずという状勢にあったので、恒久平和の理想の下における欧洲大同盟としては、採って参考とすべき好標本であった。且つ彼は、ドイツ聯邦諸侯間の国際的法則は以て全欧洲のものとなすに適すと認めた。ここにおいてか欧洲を大体ドイツ聯邦の拡大したるものに改造せんとしたのが、彼の欧洲大同盟たり恒久平和案たる骨子である。この骨子を基として彼の立てたる具体案は、一七一七年の著書では全文十二ヶ条となってあったが、一七二九年のそれにおいてはこれを五ヶ条の綱領に切り詰めた。その五ヶ条の綱領は、当時の思想としては、かなり進んだ思想の表現でありしのみならず、これを現代の思想に対比するも、或る点においては遜色あるを見ない。即ちその第一条は、約言すれば各国相協力して領土の現状維持を計らんとするもので、現行の国際聯盟の目的とする所と余ほど似て居る。素より一は各国の君主を本位とし、一は国民全般を対象とせる差はあるが、これは国家なるものに対する時代観念の相違で、当時の思想としてはその以上に考えがつかなかったのであろう。次に第三条（第二条は各国の経費分担の規定）の武力に訴うることを絶対に禁遏したのは、現行国際聯盟の特定手続を経たる上の開戦を是認するものに比すれば、その実行の能否は別とし、理想としては彼は更に一歩進んだものと云える。第四条の背信国に対し攻撃的措置を執るの規定も、現行国際聯盟規約の生温い条文に比し、むしろ旗色鮮明の観がある。もしそれ第五条の常設会議の権能、殊にその多数決制は、或る場合においては独立国家の行動を同盟国全体の利益の前に拘束的に犠牲とせしむべき思い切った規定であった。

かくの如くサン・ピエールの恒久平和案は、仮に当年の時代思想を離れ、これを今日にもたらし来たりて現代の国際組織の上に擬し考うるも、中にすこぶる味わうべき論素を含有せるものと称するに足りる。が何分にも、彼は未だ今日の謂わゆる国民なるものを解しなかった。国民とは単に一君主の下に集合せる民衆という以外に、何等の意義にも考えつかなかった。将た彼は、国家と国君とをも混同して居った。これを混同して恒久平和同盟の主体を一に各国の君主に擬定し、君主を以て欧洲同盟団の主体もしくは対象となしたのは、今日の聯盟観念との間に甚大の距離がある。殊に締盟各国の君主の位地を保障するに汲々たるの精神が余りに濃厚に漲ったのは、当時の思潮においても無理なことで、欧洲の一角に当時漸く発芽し来たれる民権思想と共に、世界の平和は国君の戚族的結合に存ぜ《ママ》ずして、高尚なる人道の同胞思想において始めて期すべし、との思想は次第に強くなりかかって来たりし際であったから、その時代思潮と既に相容れ難かったのは当然である。

けれどもサン・ピエールの多年慎思熟慮の末に成りし欧洲同盟案は、その時代にありては挙世ほとんどこれを一笑に附して顧みなかった。眼前の名利に馳駆する政治家輩よりはやむを得ないが、思索を遠き将来に立つる所の学者哲人の間よりも、彼の恒久平和案は多くは冷笑を以て迎えられた。ルーソーは一七六一年に同じく恒久平和案を世に出し、しかもその標題は極めて謙遜的に『サン・ピエール恒久平和案抄解』(*Extrait de Projet de la Paix perpétuelle de M. l'abbé de Saint Pierre*)と云えるほどで、大いにサン・ピエールの所論を紹述するに勗《つと》めたものであるが(彼は次いで一七八二年に『恒久平和批判』即ち *Jugement sur la Paix Perpétuelle* を世に出した)、しかも「サン・ピエールはアンリー四世が仏国の権勢を背景としてすら成就し得ざりし所のものを一片の書物にて成就せしめんとせり」と許し、ヴォルテールの如きは、「サン・ピエール恒久平和案は、案それ自身が馬鹿々々しきのみならず、提案の方法もまた謬妄たるを免れず。彼が描ける平和は一の幻想のみ。象と犀と、狼と犬との平和のみ。野獣はその相会する発端において相噬《か》まずんばやまず」と嘲った。特にサン・ピエールより意見を問われたるドイツの哲学者ライプニッツの如き、「恒久平和！なるほど幕標の上に能く見る字だ」と嘲ったのは、皮肉の傑作であろう。勿論サン・ピエール案の骨幹は、後に一八一五年のドイツ聯邦の構成上に著しく加味せられたるにおいて、同案の国際政治の上に与えたる価値尠少《マ》なからず《マ》と認めたる学者もある（Wheaton, *History of the Law of Nations*, p. 263 参照）。が、その学者は、同時にサン・ピエール案とルーソー案とを比較評隲し「サン・ピエールは真個の栄誉の愛、人道の愛、良心の指導、宗教の誨訓というが如き崇高の精神を説いて各国元首に訴え、ために世の実際的政治家の冷評詬罵《こうば》を招いたが、ルーソーはこれに反し、王侯を以て単に常識を有し、干戈に訴うるよりも公平なる仲裁裁判に依りて紛争を解決するにおいて如何程に自国の利益を増進し得るかを測算するの能力を有する者位に想像した」と云えるが如き（Wheaton, *Ibid.*, p. 268）、サン・ピエール案は多少理想に走れる嫌があった。

ベンザムの二大平和綱領

されどサン・ピエールは屈せず撓まず、終生をその主義の宣伝に委ねた。而して自国にて予期したるほどの志を得ざりし彼は、知己をむしろ海外に見出した。英国の碩儒ベンザムはその有力な一人である。ベンザムの *Plan for Universal and Perpetual Peace* が世に出でたのは、その死後七年を経たる一八三九年であるが、被の恒久平和に関する意見の要旨は既に載せて一七八九年刊行の *Principles of International Law* にある。被の「一般且つ恒久平和案」に挙げたる謂わゆる平和案は十四ケ条の多きを算せるも、その前提たる根本の綱領は、右の『国際法原理』において既に問える二ヶ条で、即ち軍備の縮小（むしろ撤廃）と植民地の解放といぅのがそれである。彼は英仏両国が多年通商上の競争に、海上権の掌握に、植民地の争奪に、互いに相腐心して干戈累年結び解けざるの状勢に想到し、すなわち争因を断つには先ず植民地の抛棄より急なるはなしと応じたのである。而して一たび争因を断って再び干戈を弄するなからしめ、依って以て恒久平和を維持せしむるには、同時に兵馬の大削減を決行するを要すと信じたのである。けれども彼の恒久平和の大眼目としたるこの二事は、その実行の最も難き問題であった。随って世間は能《で》きぬ相談を以てこれを迎え、哲人の空理空論を以てこれを評した。ベンザム案にはこの外に仲裁裁判所設置のことがある。秘密外交排斥の一ヶ条もある。けれども、その大眼目が既に学究的空言として実際政治家より一図に斥けられて了ったので、爾余の考案も何ほどの視聴を惹くに至らなかった。

カントの自由諸国聯盟案

サン・ピエールの今一人の知己は、彼れ却ってこれをラインの東方に獲た。カントがそれである。君主の神権に対する民衆の実力の勝利として迎えられたる仏国革命は、同時に世界の平和の前途に対し暗明二様の兆候を併せ示したが、その革命の後六年にしてカントの有名なる論文（Kant, *Zum ewigen Frieden*, 1795）が出た。恰もバーゼルの講和条約が仏国の共和政を承認したる際である。而してその仏訳は一八一四年、聯合軍のパリ占領中に同地にて現われ、頓に欧洲全般の注意を惹いた。カントの論は前人の説ける二三の平和案と異なり、立論の基礎を君主の神権に置かずして天賦の人権に置いた所に一進境がある。彼は恒久平和の前提条件に（一）講和条約にして将来再び開戦することを暗に留保して締結したるものはその効力を認めず、（二）凡そ国は大小を問わず独立自存の権を有するので、他国は相続、交換、贈与、又は売買に依りてこれを領取することを得ず、（三）常備軍は漸を追いこれを撤廃すべし、（四）何れの国もその対外的目的のために国債を起すことを得ず、（五）何れの国も他国の政治組織に対し武力を以て干渉することを得ず、（六）凡そ交戦国は将来の平和克復に就いて相互の信頼を不可能ならしむるが如き戦闘手段、例えば刺客毒殺者の使用、開城規約の違反、叛逆の教唆等の如きことを行うことを得ず、の六ヶ条を必須とし、更に確定条件として、（一）各国の国憲はこれを共和制《レパブリカン》とすべし、（二）国際の権利はその基礎を自由《フリー》諸国《ステーツ》の聯盟《フェデレーション》に置くべし、（三）凡そ人は四海同胞的組織《コスモポリチカルシステム》の下に世界の何れの国にも自由に来往するを得るの意義において、世界的市民制《ウォルドシチズンシップ》を立つべし、の三ヶ条を提唱した。謂わゆる共和制とは、カントは広く代議政治のことを意味したものと見るに妨げない。

　カントの平和論の世に出でし後九年、当時一種の人類観に浮かされ、私に欧洲の救世主を以て自任し居りたる露帝アレキサンドル一世は、欧洲の国際政局をキリスト教主義の一大共和聯邦組織に改造するの案を以て英国政府の所見を叩き、これに対し英皇ジョルジ三世は議会の開院式勅語中において深厚なる言辞を以て敬意を表し、恒久平和が恰も雲上より降下せんとするの瑞祥は一時きらめいた。このめでたき時勢の間において、カントの平和論の仏訳が一八一四年パリにおいて刊行せられたると恰も時を同じうして世に出でたものが、仏国の社会主義の祖サン・シモンの欧洲改造案である。彼は、国際の一般的利益のためには私利を犠牲にすることの欧洲の恒久平和に必要なる所以を力説した。ここまでの趣旨は結構至極であるが、彼は恰も当時ウィーンに開会中なりし国際会議を範例に取り、欧洲に二院制の国際議会を作り、その上院は欧洲各国の世襲君主を以てこれを組織すべしと説きたるに於て、当年の自由主義者は一斉にこれを嗤笑《ししょう》した。ともかくもかくの如くにしてアレキサンドル一世の前述の提唱に胚胎し、サン・シモンの欧洲改造論に間接に促されて出来揚った急造粗製の産物が、これ即ち一八一五年のパリ四国条約及び有名なる神聖同盟である。神聖同盟は十五世紀の初期における明らかに不戦条約というべきものであったが、その締結始末及び訂盟内容は一般の歴史に詳かであるから、今は省略する。

第二項　国際紛争の平和的処理方法の発達

平和的処理の意義

爾来星霜一百年を経たる間において、国際紛争を平和的に処理するの方法は各国の間に練られ、その応用の実例も少なからず示された。謂う所の平和的とは英語の amicable で、普通に用いらるる pacific よりはその意義が狭い。稀には、この場合に pacific の語を以てこれを説ける著者もあるが、元来 pacific なる語は、開戦に至らざるまでの一切の手段を含み、ただに amicable のみならず、non-amicable 即ち forcible の手段、例えば平時の返報（retorsion）、復仇（reprisal）、船舶抑留（embargo）、その他平時封鎖（pacific blockade）等の強制的手段までをも包含せしむるを普通とする。がここに謂う平和的とは、かく広い意義でなく、強制的手段に属するものは除き、専らハーグ条約その他の国際法規の範囲における各種の平和的処理方法を意味するに止まるのである。

平和的処理の方法

この意義において、国際紛争の平和的処理方法と云えば、従来は周旋（good offices）、居中調停（mediation）、国際審査委員会の審理（investigation of international commissions of inquiry）及び仲裁裁判（arbitration）の四者を挙ぐるのを普通とした。或いは外交談判即ち negotiation をもこれに加えて説くのもある（Oppenheim, II, §§ 3, 4）。外交談判は国際紛争を平和的に処理する一方法と云えば一方法に相違ないから、これをその一に加うることは理において必ずしも不当とは称し難きも、然る場合には国際紛争なるものの範囲がすこぶる広くなり、外交当局者の一寸した事実の行違いや意見の相異をもことごとく国際紛争の中に入れねば収まりがつかなくなる。平和的処理を対象として論ずる国際紛争は、かかる広義のものに取らず、外交当局者間において談判を試むるも意見が一致せず、即ち外交談判に依りて満足なる解決を得ることが困難となったか、なりかかって来たという問題において始めて国際紛争の語を用いたい。随って外交談判なるものは、むしろ国際紛争を生ずるに至るまでに当事国間において履み行いたる必須且つ既了の楷《ママ》梯手段なりとして、ここに謂う平和的処理方法の範囲よりは省くことにしたい。勿論外交談判を平和的処理方法の一に加うるも加えざるも、見地の如何に因ることであるから、省かぬ方が可《よろし》いと云えば強いて省くにも及ばず、暫くいずれにても可なりとし、その他において少なくも周旋、居中調停、国際審査委員会の審理、及び仲裁裁判の四者が共に従来国際紛争の平和的処理方法とせられ、ハーグ条約もこの四者をその処理方法として挙例し、これに関する詳細の規定を設くる所あった。

周旋

周旋の洋語 good offices, bons offices には、外交用語として三種の相異なれる意義がある。その第一は、平時又は戦時において或る外国使臣が任国政府に対し第三国の政府又は人民の利益を代表するの意義である。特に交戦国に駐箚する或る中立国の使臣が他の一方の交戦国人民の利益を代表措弁する good offices の例は、戦時常に見る所で、別に説明を要しない。第二に、使臣が任国政府に向って自国人民の任国政府に対する或る種類の要求を取り次ぐ意義である。商事上の契約違反その他に関し例えば損害の要償などを取り次ぐに当り、これを外交談判としないで、軽い意味の私的要求として任国政府へ提出する。この例も往々見る所である。第三は、国際紛争を処理する一方法としての周旋である。ここに説く所のものは、専らこの第三の意義における good offices である。

周旋とは（一）平時紛争国間の争議を兵力に訴えずして解決するため、又は（二）戦時交戦国間に平和の克復を促すため、当事国又は交戦国の双方に好感友情の存する第三国が右の目的に向って瀬踏みをなす所の行為である。その瀬踏みの行為が熟して更に一歩を進むれば、化して居中調停となる（ならぬことも勿論ある）。周旋も居中調停も、上叙の如く必ずしも交戦国間に平和の克復を促す場合に限らず、平時紛争国間の争議を兵力に訴えずして解決せしむる場合にも起るものであるが、しかもその功能の最も顕著に現わるるのは戦時で、即ち交戦国は戦局が不利となっても、自ら進んで講和を切り出すことは概して忍び難しとする所であるから、その際における第三国の周旋又は居中調停の大いに効あるは勿論で、殊にこれを試むる第三国が一国に非ずして数ヶ国の聯合という場合であると、その奏功率は更に高きを示す理である。

周旋と居中調停の混用

周旋と居中調停との分界は、実際問題としては時に間髪を容れず、その区別の判然せざる場合は往々ある。周旋も居中調停も、古より数知れず行われ来たったものであるが、これを成文の上に明規し、関係列国これが遵守を相約したのは、一八五六年のパリ条約である。同条約第八条には「トルコと本条約調印の一国又は数国との間に国交の維持を脅威する紛争の起りたる場合には、トルコもしくは各調印国は武力に訴うるに先だち他の締約国の居中調停を求め、その非常手段を避くるに努むべし」と規定し、更に同条約附属議定書には、英国全権クラレンドンの発議にて「本全権委員等は、凡そ各国間に重大なる紛争起りたるときは、武力を執るに先だち、事情の許す限り友国の周旋に訴うべきことの希望を各本国政府の名において表白するに躊躇せず」との意思表示をした。前者の規定は特に居中調停のみに係り、而して後者は特に周旋のみに限らしめてあるが、そは両者の間に差異を認めてことさら爾《しか》く記したのではなく、けだしこれを混同視もしくは同一視したる結果であろう。その次に居中調停のことが聯合条約の上に現われたのは、一八八六年二月のコンゴーに関するベルリン一般議定書の第十二条であるが、これも単に居中調停を云為せるに止まり、周旋に就いては何も言ってない。

然るに一八九九年の第一回ハーグ平和会議において制定し、一九〇七年の第二回のそれにおいて更正ありたる国際紛争平和的処理条約に至り、周旋と居中調停とは国際紛争の平和的処理方法として国際法規の上に明瞭に並び認めらるるに至った。同条約第二条に曰く、「締約国ハ重大ナル意見ノ衝突又ハ紛争ヲ生ジタル場合ニ於テ兵力ニ訴ウルニ先《さきだ》チ事情ノ許ス限リ其ノ交親国中ノ一国又ハ数国ノ周旋又ハ居中調停ニ依頼スルコトヲ約定ス」と。この規定は国際法史の発達上重要なる頁を作せるものなるが、但だ「事情ノ許ス限リ」という抜け道があるので、その効力は依然薄弱なるを免れざるのみならず、周旋と居中調停の区別的規定が無いので、なお不備の憾みなきを得ない。

両者の差異

かくの如く周旋及び居中調停は、既往国際条約その他の外交文書において往々混用せられ、将たその区別に就いて明確なる釈義の伴えるものもほとんど無いから、実際問題として甲語の意義にて乙語を使用する場合は屢次《るじ》見受くる所である。欧洲大戦の勃発前に列強政府間の意見交換の上に再三上りたる居中調停談（英国政府白書所載第一号、第四十六号、その他各所に援引）は、事実は周旋と解すべきものであったが、文書の上にはいずれもメディエーションとしてあった。又事実周旋と居中調停との間には、区別を認め難い場合が往々あること前述の如くである。けれども理論においては、両者の間に区別は立つ。周旋は紛争国間に平和的交渉を促すに就いて任意もしくは紛争当事国（もしくは交戦国、以下同じ）の一方又は双方の依頼に因り行う所の内面的範囲に属する媒介的行為で、紛争当事国の他の一方がこれを聴容して行う所の平和的交渉そのものには超然不関である。即ち周旋者は、紛争当事国の間に立ちて単に会商の地を媒介し、紛争に関する当事国自身の提案又は対案の取次を媒介するも、その会商地の利害得失、その提案又は対案の是非曲直に就いては毫も意見を述べず、助言を与えず、全然媒介の器械的措置に止まるのである。居中調停に至りては然らずで、第三国はその媒介の器械的措置より一歩進み、紛争当事国双方の受諾すべき談判の基礎条件を具し、当事国双方をしてその基礎条件の上において直接単独に、又は居中調停者自身もこれに参加し、もしくは更に進んでこれを指導し、ここに平和的交渉を開かしむるに至るという幇弁的行為である。有力なる居中調停者であると、紛争当事国間に開くに至れる平和的交渉にも参加し、戦時であると講和談判にも参加することもある。勿論その参加するのは交渉談判の席のことで、交渉談判の論点ではないが、それも実際に臨んでは分界を立て難く、初めは立てて居る積りであっても、漸次深入りして論点の是非にも喙《くちばし》を挟むに至らぬとも限らぬこと、ポーツマス談判の末期における米国大統領ルースヴェルトの態度にも見えた。それが更に一歩進むと、最早や居中調停でなくして干渉となる。干渉のことは別とし、要するに周旋と居中調停とに就いて重ねてこれを約言すれば、前者は必ずしも紛争当事国双方の依頼あるを俟たず、その一方のみの依頼に由るもこれを行い得るが、後者は当事国双方が受諾するのでなければ起り得ないのが、最も多くの場合を通じてほぼ普遍的なる概念である。

特別居中調停

ハーグ議定の国際紛争平和的処理条約は、右に述べたる普通の居中調停の外に、特別居中調停なるものを認めた。同条約第八条は先ず「締約国ハ事情ノ許ス限リ左ノ手続ニ依ル特別居中調停ノ適用ヲ慫慂スルコトニ一致ス」と記し、次に「平和ヲ破ルノ虞《おそれ》アル重大ナル紛争ヲ生シタル場合ニ於テハ紛争国ハ平和関係ノ断絶ヲ予防スル為各一国ヲ選定シ他方ノ選定シタル国ト直接ノ交渉ヲ開クノ任務ヲ委託ス」と定め、その第二項に「右委任ノ期間ハ反対ノ規定アルニ非サレハ三十日ヲ超エサルモノトシ其ノ期間中紛争国ハ紛争事件ヲ居中調停国ニ一任シタルモノト看做シ之ニ関スル一切ノ直接交渉ヲ中止ス」としてある。即ち特別居中調停国は一ヶ月以内に紛争の処理に全力を竭《つく》すべく、その間紛争当事国は直接の交渉を中止するというのが大体の建前である。この特別居中調停の制は、私の記憶にして誤りなくんば、爾後国際間に未だ一度も行われた例が無いようである。有れば多少の奏功疑いなきものと思う。よしんば一方からこれを見れば、居中調停国の尽力にして不成功に終る場合には、最早や実際において再び居中調停を試むるの余地なく、列国干渉以外に開戦を喰止むるを得ざるの危険ありとも云えるが、他の一方においては、一ヶ月に亘る直接交渉中止は何程か開戦の熱度を冷ますの効は明らかにこれを認むることが能《で》きる。が何分にも周旋、居中調停、将た右の特別居中調停にしても、謂わゆる「事情の許す限り」で、且つ第三国がこれを提供慫慂するにしても、その性質上機微の手心を要するものであるから、強大国間において平和を破るの虞《おそれ》ある重大なる紛争を生じたる場合に臨んでは、これが平和的解決手段として実効力の充分に期待し得べからざることは、現に欧洲大戦の勃発がこれを証した所である。

国際審査委員会

以上述べたる居中調停と以下述ぶべき仲裁裁判との言わば中間に立つ所の平和的処理の一方法は、第二回ハーグ平和会議議定の同条約第三章に逐条詳規せられたる国際審査委員会の制である。同章第九条に曰く「締約国ハ名誉又ハ重要ナル利益ニ関係セス単ニ事実上ノ見解ノ異ナルヨリ生シタル国際紛争ニ関シ外交上ノ手段ニ依リ妥協ヲ遂クルコト能ワサリシ当事者カ事情ノ許ス限リ国際審査委員会ヲ設ケ之ヲシテ公平誠実ナル審理ニ依リテ事実問題ヲ明ニシ右紛争ノ解決ヲ容易ニスルノ任ニ当ラシムルヲ以テ有益ニシテ且希望スヘキコト、認ム」と。これも国際平和の維持上極めて有効なるに相違ない。この規定は、既に第一回のハーグ平和会議以来採択せられた所である。

而してこの規定を適用して国際紛争を平和的に解決し得たる例には、日露戦役中に英露両国間に起りたる北海事件、一名ドッガー・バンク事件（The North Sea or Dogger Bank Case）と、伊土戦役中に仏国郵船タヴィニャノ号外小船二隻が伊国水雷艇の拿捕もしくは砲撃を蒙りたる事件との二つがある。

されど国際審査委員会が取り扱う事項は、名誉又は利益に関係しないで単に事実上の見解の異なるより生じたる国際紛争に止まるのであるから、普遍的に国際紛争を審理する機関としてはなお足らざる所がある。のみならず、その審査の終了以前に、紛争当事国は断じて武力に訴うることをなさぬという保障も無い。尤も国際審査委員会は「紛争当事者間ノ特別条約ヲ以テ之ヲ構成ス」るものであるから、その特別条約において右様の保障は概ね規定せらるべきであろうが、条文の上にはこれに関し何等の規定は無い。勿論名誉又は利益に関係しないで単に事実上の見解の異なるより生じたる国際紛争に対し、専ら事実を審理するということは極めて大切である。殊に国際紛争中には、事実上の見解の異同に発するものが少なくない。その見解の異同にして一定の帰着を得ば、紛争の容易に解決するを得ること、現に前掲の英露北海事件にも徴し得られる。けれども国際紛争中には、事実上の見解の異同よりもむしろ名誉又は利益に関係して起るものもまた多々ある。故に能うべくんば、一切の国際紛争に対し先ずこれを審理し、その審理終了前に紛争当事国は武力に訴うることなしという謂わゆる開戦停止期間を設定したる一機関の成立が夙に望ましかった。この点において、現行国際聯盟規約は勿論のこと、一九一四年（大正三年）九月以降米国が東西三十有余国との間に締結したる謂わゆるブライアン平和条約は、やや右の希望を達するものと云える。この条約のことは後段に述べる。

国際連盟の新たに加えたる二方法

以上述べたる周旋、居中調停、国際審査委員会の審査、及び仲裁裁判の四者は、従来国際紛争の平和的処理方法として随時応用せられた所のものである。然るにこの四者中、国際委員会の審査及び仲裁裁判は、紛争当事国の要求ありて始めて行わるるに過ぎない。周旋及び居中調停は、第三国の発意で起ることもあるけれども、その第三国とても《ママ》、相応に威信を有し且つ紛争問題に多少の利害関係を有するのでなければ、これを発意すること稀である。すなわち紛争の拡大せんとする形勢を予め洞察し、戦乱の勃発を未前に防遏するの手段を講ずるという有力なる国際機関は従来は無かった。然るに国際聯盟の成立は、この欠陥を或る程度に塡補するに至った。その結果として国際紛争の平和的処理は、従来の前記四方法の外、これと併行的に新たに二方法が加わるるに至った。聯盟理事会（又は聯盟総会）の審査及び常設国際司法裁判所の司法的解決がそれで、その詳細は本論中に随時説及する。

第三項　仲裁裁判の概説

以上各種の平和的処理方法中、従来最も広く用いられ、且つその法的意義を有するにおいて最も権威を示したものは仲裁裁判である。殊に、過去における或る種の不戦条約の類例を今日の不戦条約問題に最も縁故深き所のものに求むれば、一九一一年（明治四十四年）に米英及び米仏の間に調印せられたる総括的仲裁裁判条約、及び一九一四年（大正三年）成立のブライアン平和条約をその巨擘《きょはく》に推すべきが、これ等両条約の意義性実《ママ》を明らかにするには、これに先だちて普通の仲裁裁判の目的、構成、その他に関して一応の説明をなし置くの要がある。

仲裁裁判の目的

仲裁裁判の何たるかは、一九〇七年（明治四十年）の第二回ハーグ平和会議議定の国際紛争平和的処理条約中の定義――もし定義ということの適切でないならばその目的の限定――が最も簡にして要を得て居る。即ち同条約第三十七条に「国際仲裁裁判ハ国家間ノ紛争ヲ其ノ選定シタル裁判官ヲシテ法ノ尊重ヲ基礎トシテ処理セシムルコトヲ目的トス」とあるのがそれである。別言すれば、その処理に当る者が裁判官即ち judges の資格であること、而してその処理の規矩準縄が法即ち law にあること、これが仲裁裁判の周旋、調停等と異なる要点である。仲裁と裁判とは本来別個の両観念に属するに、これを一括して仲裁裁判というは、その命題自身において適否の疑いなくもないが、慣例上及び国際法規上既に一の術語となって居るから、今はこの語を尊重するの外ない。

仲裁裁判の裁判者には、従前は arbitrator もしくは umpire の語を用ゆるを普通とせるに、右の平和的処理条約においては特に juge, judge の字を用いてある。これ畢竟右の「法の尊重を基礎として」の条件に照応せしめたが故であろう。その裁判官としては、紛争当事国において第三国の元首にこれを煩わすこともあれば、特定の仲裁裁判機関に依る裁判官を指定することもある。仲裁裁判機関に関する国際法規が完成し来たれる今日及び今後においては、第三国の元首に裁定を求めることは最早や跡を絶つであろう。又周旋もしくは居中調停は、紛争の継続中、一度試みて功を奏せずんば後の適当なる機会においてこれを再びし、これを三たびするに妨げないが、仲裁裁判にありては、一度判決ありたる上は控訴上告の道なく、判決は最終的のものであること、これまた両者の間における重要なる一差異と見て可《よろし》い。尤も仲裁裁判においても再審の請求をなし得ぬではないが、これは特殊の新事実発見の場合に限れるもので、単に判決を不当として再審を請求し得る筋合ではない。

仲裁裁判は近代の発明でなく、古代のギリシャ及びその以前においても、疾く行われたものである。ローマはその共和時代にありても国際の平等観念に薄く、その国民的自負心は以てローマと他国との間における紛争の解決を仲裁裁判に求むるを許さざるの風であったので、仲裁裁判はローマにおいては甚だ振わなかった。尤も他国と他国とがその間に発生したる紛争に関し、ローマに向ってこれが仲裁裁判を求めて来た場合には、ローマは仲裁裁判者となってこれを解決したる例は幾らもあった。降って教会全盛の時代となるや、世界至上の権力者を以て自任したる歴代の法王が進んで国際紛争に対する仲裁裁判者となった例は、これまた少なからずありて、現に法王アレキサンドル六世の如き、西葡《（スペイン・ポルトガル）》両国間における国外領土に係る大紛争を取り捌いて功を奏したことは、植民史上に伝えらるる所である。その後法王の権勢式微し、欧洲は群雄割拠の時代を迎え、各国互いに武を以て相与うの外他国の仲裁に聴くを屑《いさぎよ》しとせざる風を致したるに連れ、仲裁裁判は十三世紀以降やや衰え、爾後三四百年間は、欧大陸においては極めて稀れに見る位であった。尤もその衰えたのは欧洲全体に就いて云うので、一局一部の方面においては却って盛んにこれを利用したる国もあった。一二三九年のヴェネシアとゼノアの条約、一三二一年の英国とブリッタニーとの条約、いずれもその中に仲裁裁判のことが規定せられてある。これ等の条約に依り、十三世紀の一百年間においてイタリア諸市国の間に行われたる著名の仲裁裁判が百件以上を算したことは史の伝うる所である。その範例は爾後西欧、北欧の諸国に及び、更に英国にも伝わった。而して当年の鉄血政治家たりしクロムウェルがその熱心なる信徒であったことは面白い。彼は一六五四年にオランダとの間に取り結べる条約中においてこのことを規定し、又同年ポルトガルと、又翌五五年及び翌々五六年にはフランス及びスウェーデンと相次いで懸案の紛争事件を仲裁裁判に附するの条約を締結した。これ等の仲裁裁判条約は、多くはクロムウェルの発意で出来たものである。仲裁裁判は元々強者に対する弱者の道理の声に基いて発達したものであるが、しかも当時英国の強大を以てしてなお且つ甘んじて、もしくは率先して、仲裁裁判に承服するの範を示したのはすこぶる称すべきである。

十九世紀以降の仲裁裁判

しかも仲裁裁判が特に著大の発達を遂げたのは、十九世紀以来のことである。過ぐる一百年間において、初めの二十年間たる一八二〇年より四〇年には、仲裁裁判事件は僅かに八件なりしに、次の二十年間たる一八四〇年より六〇年には増して三十件となり、一八六〇年より八〇年には更に増して四十二件、而して一八八〇年以降には、一九〇〇年に至る僅かに十年間に急に激増して九十件となり、更に一九〇一年より一九一四年の十四年間には実に二百件の多きを示したが如き、以てその趨勢を知るべきである。仲裁裁判が十九世紀に入りて以来、別してその後半期以降、かく長足の進歩を呈するに至りたる原因には種々あるが、要は上には国君宰臣にして漫に干戈を弄するの甚だ引き合わざることを感ずるあり、下には平和運動の盛んに行われ来たれるありて、国際紛争を能うべくんば平和的に解決せんと欲するの思潮が次第に内外に漲り、この大勢に促されて仲裁裁判が年と共に自然その数を多からしめたものと見るは、いずれにしても謬りなき所である。

しかも従来仲裁裁判は国際の特殊大問題を解決するには効薄しと一般に認められ来たりたる迷夢を排し、重大問題といえどもこれを平和的に解決せんと欲するの意思さえあらば能《で》きるものとの実物教育を世に示し、仲裁裁判の発達に頓に一大刺戟を与えたものは、国際法研究者の誰しも熟知する一八七一年のアラバマ事件である。アラバマ事件以前にありても、英国が重大の紛争案件を仲裁裁判に附したる例は、一八四二年のポルテンジック封鎖事件にも見ることが能《で》きる。アラバマ事件に至りては、単に賠償の金銭問題に止まらず、中立国の権利義務に関する法律問題と、併せて国家の威厳という体面問題の諸論素を含める重大案件であったが、それにも拘らず、英国は米国の提議を容れてこれを仲裁裁判に附することを承諾し、剰えその結果は英国に不利の決定となり、国論一時沸騰したるも、政府はこれを抑え、その決定に忠実に承服したことは、英国の国際道徳のために賀すべきものたりしのみならず、仲裁裁判の発達史の上においても見逃し能わざる一光彩であった。

因みに記す。アラバマ事件の顛末の詳細は国際法の教科書に譲り、ここに極めて簡単にその要領を記すれば、汽船アラバマ号は南北戦争の際南軍用として英国にて製造し、無武装にてリヴァプールを発し、太平洋上のアゾレス島にて同じく英国より来たれる三隻の運送船より砲銃弾薬を受け取り、これに武装を整えて北軍の船舶を捕獲するの任に当ったという事実に起因する。米国政府は南北戦争終局後、英国政府に対しアラバマの行動に因りて受けたる損害の賠償を要求し、長日月の交渉を重ねたる末、一八七一年五月これを仲裁裁判に附することに議纏まり、その仲裁裁判者は五名とし、米英両国及びイタリア、スイス、ブラジルの五元首各一名ずつを指名することにし、かくて同裁判は同年十二月ジュネーヴにて開廷となり、伊国委員スクロヒス伯その裁判長として爾後九ヶ月に亘り三十二回の審理を尽したる末、翌七二年九月英国をして賠償金一千五百五十万ドル（大約三百二十五万ポンド）を仕払わしむるという裁定を与えて落着したのである。

かくの如く英国の当年の態度は、近代における仲裁裁判の発達上に貢献したる間接の功績少なからざるものであったが、米国も仲裁裁判の効用を夙に識認し来たりたるにおいて、仲裁裁判史上その功また没すべからざるものがある。米国にては建国後程なき一七九四年、大審院長ジョン・ジェーは英国に出使し、一種の仲裁裁判条約を英国政府との間に締結した。謂わゆるJay Treatyなるものがそれである。故に近世の仲裁裁判制の発達期を該条約の出来た一七九四年とし、ジョン・ジェーを以て仲裁裁判制の再生の恩人として立論する学者もある（J. B. Scott, *The Hague Peace Conferaences*, pp. 210, 216; *The Hague Court Reports*, Introd p. ix 参照）。次いでは翌一七九五年、米国はスペインとの間に仲裁裁判委員のことを規定せる条約を締結した。米国は建国以来無名の師がかなり多く、必ずしも平和主義を以て一貫したる国とは称し難いが、しかも他の一方において、国際紛争を勗《つと》めて仲裁裁判に依りて解決せんとするの主義主張は、古来米国の識者間に相応に強く、現に前掲のジョン・ジェーの子ウィリアム・ジェーの如き、その一八四二年を以て世に出せる小冊子においてこれを力説した（William Jay, *War and Peace*, p. 55 以下参照）。米国が今日まで東西二十有余国との間に仲裁裁判に関する大小各種の条約協定等無慮八十有余を取り結んだことは、他国に類を見ざる所で、且つこれに依り重大なる紛争を平和的に解決したる例も少なくない。勿論米国を以て一も二もなく仲裁裁判の神と崇むるが如きは当らない。現にムーア教授が

「世には漫然米国を以て仲裁裁判主義のただに先覚的主張者であるのみならず、またその終始一貫せる実行者なりと云うもの稀でなく、且つ一般に爾《しか》く信ぜらるる

ようで、その証として幾多仲裁裁判の事例中米国が一方の当事者たりしこと少なからざりしを援引する者あれど、この論には二つの事実が看却せられてある。その一は、いずれの場合においても当事者は二つあり、而して時に好戦国と称せられたる英国が多くは一方の当事者で、英国の与りし仲裁裁判も米国に比し勝るも劣らざりしという事実である。その二は、米国は自国の関する紛争を仲裁裁判に附するの議に必ずしも常に賛成したのではないという事実である。ジョージ・バンクロフトの言に依れば、米国は北西境界問題に就いて仲裁裁判の提議に接したること六回、而して六回共これを拒絶した。結局米国が仲裁をドイツ皇帝に仰ぐに同意したのは、英国が一八七二年に該争点を限局するの注文に同意したる結果である。一八五四年より五八年に亘り、英国はクレイトン・ブルワー条約中の或る条項の解釈に関する紛争を仲裁裁判に附せんことを幾たびか提議したが、米国はいつも頑強にこれを拒絶した。ベーリング海の紛争を仲裁裁判に附せんとの英国の提議に対しても、米国がこれを承諾する迄には多分の日子を要した。メイン号事件に就いても、米国は戦前も戦後も仲裁裁判案を絶対に拒絶した。又パナマ共和国及び運河地帯に関する紛争を仲裁裁判に附せんとのコロンビア政府の要求に対しても、我が米国はこれを拒絶したのである」（J. B. Moore, *Four Phases of American Development*, pp. 198-200）。

と云える、これ事実の飾りなき告白である。実際米国は、ノヴァ・スコチアの西北部境界線に関する一七八三年の英米条約の紛争に関し一八三一年にオランダ皇帝に仲裁裁判を求め、しかも米国は同帝の裁定あるに及び英国と共にこれに服従しなかったという面白からざる例もあった。（但しその不服従は、裁定者が勝手に妥協案を作ってこれに同意せんことを係争国に求め、即ち附託の権限を越えたという関係もあった）。将た一八九八年のメイン号事件の如き、当初スペイン政府の仲裁裁判の提議に対し米国政府は何等の回答をすらなさなかったのである。かくの如く米国の態度は時に甚だしく非妥協的で、他国よりの仲裁裁判案を一蹴して顧みずという風ありしを掩い得ないが、又時には、例えば前述のアラバマ事件の如き、同じく一八九三年のベーリング海峡における膃肭獣《オットセイ》保護問題の如き、いずれも一時は英米両国が戦を賭して相争える重大問題をば結局共に仲裁裁判の裁定に委ね、その結果として重大なる国際紛争も仲裁裁判に依りて解決し得るの例を世界に示したのは、米国の他の場合において示したる非妥協的態度と差引きして或いは功罪相償うと称し得ぬでもない。殊にアラバマ事件は米国に有利の裁定となりしも、膃肭獣保護問題に対しパリにて開かれたる仲裁裁判廷の判決は、米国に取りて不利のものであったがため、米国内には仲裁裁判そのものを呪うの声も聞えたが、しかも事を干戈にて決するの損害に比すれば、その裁決は不利なりといえどもなお忍ぶべしとの論は依然勢力ありて、仲裁裁判尊重の念は格別の減退を見るに至らなかった。一七九四年より一九一四年即ち欧洲大戦の年に終る既往一百二十年間の仲裁裁判に関する統計において、各国が紛争の解決を仲裁裁判に仰いだ件数総じて二百四十という中にありて、英国の当事者たりしもの七十件、即ち全件数の三割一分、米国の当事者たりしもの五十六件、即ち全件数の二割五分を占めたことを示すが如き、以て如何に米国が英国と共に特に仲裁裁判を重視し来たりたるかを知るの一資料と見得るのである。

ハーグ設置の常設仲裁裁判所

往年の第一回ハーグ平和会議議定の国際紛争平和的処理条約は、近世の仲裁裁判史上に一新紀元を作せるものであったと《ママ》言を俟たない。同会議においては、仲裁裁判制案として米、英、露の三案が提出せられた。内容はいずれも大同小異で、要は精粗の差ありしに過ぎない。が、中に就いて露国案は最良と認められ、これを基礎として原案が出来た。尤もその露国案の骨子は、多くはこれより先き万国国際法協会及び一八九五年にフィリピンにて開会の万国議員聯合大会において、相次いで起草せられたる国際裁判手続案に拠ったものである。されど仲裁裁判案が同会議に上程を見るに至るまでは、英米両国の先覚者の努力の少なからざりしことを見逃してはならぬ。ともかくも第一回ハーグ会議における常設仲裁裁判所の設置以前にありては、仲裁裁判を仰ぐべき場合には事毎に裁判者を選び、事毎に裁判廷を作り、事毎にその構成を定め、事終ると共に裁判機関は全然消滅するものであったが、同裁判所の新設に由りその煩が著しく省かるるに至ったのみならず、紛争当事国の選定すべき裁判者の資格及び範囲に就いて取捨の標準が立つに至ったことは、万事につけ利便を多からしめたものである。もし仲裁裁判の発達史上に特定の時期を劃し得べきものとせば、同裁判所の設立を以てその太古以来の第一期よりここに第二期に移れるものとなすべきである。(或いは前述のアラバマ事件の解決を以て第二期に入れるものとし、右を第三期となすも実質上に充分の理由がある。而して輓近の国際聯盟の下における国際司法裁判所の設立は、更に新たなる一時期を劃せるものなること言う迄もない)。

けれども、この常設仲裁裁判所なるものは、実に名実相副わざる点がすこぶる多いのである。先ず以て常設仲裁裁判所と称するも、事実においては常設でなく、又一の裁判所があるのでもない。但だ裁判所書記局に充てらるる国際事務局なるものがハーグにあるのみである。同事務局は各締約国の一国四人以下として任命したる仲裁裁判官を名簿に記入し、これを各締約国に通告する外、裁判開廷に関する通信を取り次ぎ、記録を保管し、その他庶務を処理するを任とする。而して締約国にして紛争を謂わゆる常設裁判所に訴えんと欲する場合には、右仲裁裁判官名簿に就いて裁判官を選定し、これをして当該裁判部を組織せしめる。もし裁判部の構成に付き当事者の合意なき場合においては、当事者は各自二人の仲裁裁判官を指定し、右仲裁裁判官は合同して一人の上級仲裁裁判官を選定するのである。故に常設仲裁裁判所とは、訴訟が起る都度個々に構成せらるべき当該裁判部を抽象的に称呼したもので、唯だ必要に応じ紛争当事国が就いて選定すべき仲裁裁判官の総名簿を備え付けてあるにおいて常設というに止まるのである。素より昔時事毎に裁判者を任意の人に就いて選定し、事終れば裁判機関の自然的に消滅してその跡を留めざりし全然間歇的且つ無中心的の仲裁裁判制に比すれば、或る程度の継続性をこれに認むべきも、その継続性の因子たるものは前述の国際事務局（多年「国際的郵便函」の綽名がある）と、同局を指揮監督する常設評議会（蘭国外務大臣及び在ハーグ締約国外交代表者にて組織する）と、それから前述の仲裁裁判官総名簿とのみに外ならぬ。常設の語は形式においてはとにかく、実質においては始めより当を得てなかった。

その裁定したる紛争事件

しかもこの事実非常設なる常設裁判所は、ハーグ条約の締約国に向って常に公開せられあるものとして知られ、爾来各国間の紛争事件にして同裁判所の審理に附せられ、その裁定に由り解決せられたるものは十数件の多きある。特に一九〇七年の第二回ハーグ平和会議に至るまでの八年間において、相応に複雑せる紛争事件として（一）米墨《メキシコ》間の教会基金還附要求事件、（二）英独伊対ヴェネスエラ要償事件、（三）本邦元外国人居留地家屋税事件、（四）英米両国間の北太西洋漁業権事件、外十件を裁定した。

第二回ハーグ会議の改善と改悪

第二回ハーグ平和会議においては、前回議定の国際紛争平和的処理条約実施以来八年間の経験において、裁判所の構成、手続、その他に不便の点少なからざることを見出したので、同条約の他の部分に幾多の更正を加えたと同時に、仲裁裁判に関する諸条項にも若干の修正を施した。殊に旧条約の第二十四条に依れば、紛争当事国はその各自指定するを得べき二人の仲裁裁判官を共に自国民に就いて選定するを得《う》となしてあり、随って大概の場合においては、五名の裁判官中四名は当該紛争に利害関係を有し、ほとんど必然的に可否双方に別れ、唯だ一名の上級裁判官が不偏不党の位地に立ちてこれを決裁するの制であったが、新条約においてはこれを改め、その第四十五条第三項に「当事者ハ各自二人ノ仲裁裁判官ヲ指定スヘシ其ノ内一人ニ限リ自国民又ハ自国カ常設裁判所裁判官トシテ任命シタル者ノ中ヨリ之ヲ選定スルコトヲ得《う》」と規定して五名の裁判官中三名を局外者とし、決裁権を多数者たるこの三名の手中に委ねたのは、一の顕著なる改善と云うべきである。又新条約は第四十八条の三項以下に新たに「両国間ニ紛争ヲ生シタル場合ニ於テハ其ノ一方ハ何時ニテモ国際事務局ニ宛テ該紛争ヲ仲裁裁判ニ付スルノ意向アル旨ノ宣言ヲ含ム文書ヲ送ルコトヲ得《う》」、「事務局ハ直ニ右宣言ヲ他ノ一方ニ通知スルコトヲ要ス」との二項を加え、依って以て紛争当事国をして外交的探り合い、その他事前の機微なる関係に心労するの余計な手数を省かしめ、直截的に仲裁裁判希望の意思表示を国際事務局を通じてなさしむるの道を開いたのは、多少の進歩といえば進歩である。

尤も中には改悪と思わるる更正も無いではない。例えば旧条約にはその第五十二条に「仲裁判決ハ裁判官ノ多数決ニテ之ヲ定メ理由ヲ附シ各裁判官之ニ署名ス少数ニ属スル裁判官ハ署名ニ際シ其ノ不同意ヲ記入スルコトヲ得《う》」とあった。故に本邦対英仏独三国の家屋税仲裁裁判の判決に際し、裁判官の一員にして他の二員と意見を異にしたる故本野子は、右の規定に依り該判決に不同意の旨を記入してこれに署名したのである。然るに新条約にては、不同意記入の一句を削除し、単に「仲裁判決ニハ理由ヲ附シ裁判官ノ氏名ヲ揚ケ裁判長及裁判部書記局員又ハ其ノ職務ヲ行フ書記官之ニ署名ス」（第七十九条）としたのは、裁判官の独立意見を尊重し、その責任を明らかにする上から云えば改悪たりしを免れない。この点においては、国際聯盟新設の国際司法裁判所の構成規約第五十七条に「裁判がその全部又は一部に付全員の意見一致するに至らざるときは、意見を異にする者は各別の意見書を送付するの権利を有す」との規定を見るありしは賛すべきである。

仲裁司法裁判所案

かくの如く既往の仲裁裁判には、時には双方に当らず触らずの妥協的論決に終るという風も確かにあったことを掩い得ない。これ等の見地よりして、真個に常設的なる、継続的なる、而して真個に司法的なる、特立の一裁判所をば別に設置すべしとの趣意で起ったのが、これ即ち第二回ハーグ会議に現われたる仲裁司法裁判所案である。然るに同会議においては、裁判所の組織や裁判官の選任方に関し種々の異論起り、結局条約案としてその実施を締約国に慫慂するというに止めたのである。この仲裁司法裁判所なるものは常設仲裁裁判所と特立してこれを設置し、又同条約案第十七条に依り「仲裁裁判ニ関スル一般的規約又ハ特別ノ合意ニ依リテ同裁判所ニ起訴シタル一切ノ事件ニ付権限ヲ有ス」るものとしてある。この条約案は、その後遂に各国政府の合意実施を見るに至らずして止み、更に換骨奪胎して国際聯盟の下に成るに至ったものが国際司法裁判所（Cour permanente de justice internationale, Permanent Court of International Justice）である。

国際紛争の種類

国際紛争は、小は一権利の疑義より大は国家存亡の死活的論争に至るまで、その種類に際限が無い。或る学者は一切の国際紛争を（一）境界及び領土権に関するもの、（二）国際約定の違反又は不履行に関するもの、（三）不法行為に基く損害に関するもの、(四)覇権の争奪に関するものという四種に分類した (Sir F. Pollock, "The Modern Law of Nations and the Prevention of War," *The Cambridge Modern History*, Vol. XII, pp. 716-719 参照)。国際紛争はこの四者のいずれかに截然相別れて分属するものとは限らず、一の紛争にしてその二者三者又は総てに共属するものも多々あるが、暫く大体に就いて別てば、これを右の四種に分類するも妨げず。或いはヨリ簡単に、一切の紛争を権利関係のものと利益関係のものとに分つも可、もしくは政治的と非政治的とに分つもまた可なりで、必ずしもその標準の乏しきを憂えない。将た又その実質を離れて形式よりせば、或いは外交手段の範囲に止まるものあり、或いは仲裁裁判に移るものあり、将た或いはその解決を干戈に訴うるものもある。しかもその形式の差等は必ずしも実質上の軽重に比例せず、軽微なる権利関係の争議も、将た些々たる礼儀上の行き違いも、これを取り扱うに宜しきを得ずんば、化して干戈を動かすの理由たるに至ることあると同時に、重大なる紛争案件も処理その道を得れば、能くこれを平和的に解決せしめ得るの例も稀でない。

国際紛争の由来する所は千様万態で、前述の如く小は些々たる礼儀の行き違いより大は重大なる権利利益の侵害に至るまで、その種類に限りなく、又右の如く如何様にも分類するを得るが、大体において法律的紛争と政治的紛争とに類別するのが普通である。勿論こは真に大体の類別に過ぎない。なぜならば、或る紛争にして法律的たると同時に政治的なるのもあり、将たそのいずれにも確と専属せしめ難いのもあるから、一切の紛争が法律的と政治的とに截分せらるとは到底断言し難いからである。立博士は政治的紛争は「紛争国の一方又は双方の政治的利益に関係ある紛争」で、その謂わゆる政治的利益とは「一国の国際的位地、国際的勢力、並に国内に於ける権力に関係ある利益を言う」と解し、又法律的紛争とは「簡単に云えば争点が現実国際法上の問題たるものと為す、別言すれば現実なる法律的規準に依り処理さるべき紛争たりとす」と解せられたのは(『国際知識』大正十四年八月号「法律的紛争及び政治的紛争に関して」)、すこぶる洗練せる好定義と思わるるのみならず、博士が更に「此の種の紛争〔現実なる法律的規準に依り処理せらるべき紛争〕にして屢《しばしば》国家の政治上の利害に関係し、時に国家政治上の重大利害に関係することあり。然れども是故を以て法律的紛争たるの性質を失うこと無しとす」と云える如く、政治的紛争にしてなお且つ法律的紛争たるの性質を失わざるものも往々ある。

けれども大体において、凡そ紛争には法律的のものあり、政治的のものありというは、論理の上に妨げあるを見ない。条約解釈上の問題、国際法規違反の問題の如きは、必ずしも常にではないが、概して法律的紛争で、政治上経済上の利害衝突の問題、将

戦争基因の紛争は概して政治問題

た謂わゆる国家の名誉に関すと称せらるる問題は、概してこれを政治的紛争と云えば云い得られる。勿論問題に依りては、その分界の極めて明瞭なるものもあれば、又中には前述の如く甚だしく明瞭を欠くものもある。殊に政治的紛争を掩うに法律的紛争を以てし、又は法律的争点を政治的争点に仮装して主張せんとするが如き場合にありては、その分界を立つるは極めて困難で、別して開戦の機会と口実とを狙いつつある国にありては、些小の法律問題を巨大の政治的紛争に化せしめてこれを衝突の具に利用すること必ずしも不可能でないから、両者の区劃は実際に臨んで識別し得ざることあるを知らねばならぬ。

概言するに、国際紛争の化して戦争となるという紛争は、大概は法律問題を離れたる政治問題である。既往一百年間における（一）一八四八・九年のオーストリアとサルディニア、（二）同四九年の露国とハンガリー、（三）同五三年のクリミア、（四）同五九年の仏墺《オーストリア》、（五）同六四年の普丁《プロイセン・デンマーク》、（六）同六六年の普墺、（七）同七〇年の普仏、（八）同八五年の塞勃《セルビア・ブルガリア》、（九）明治二十七八年の日清、（一〇）一八九七年の希土、（一一）同九八年の米西、（一二）同九九年の南阿《アフリカ》、（一三）明治三十七八年の日露、（一四）一九〇九年の伊土、（一五）同一二・三年のバルカンの各戦争より、（一六）さきの大戦に至る十六大役は、全然もしくはほとんど政治的性質の紛争に基因せるものであった。尤もこの中一八六四年の普丁戦争は、シュ・ホ両公国の相続権問題が導火で、法律的性質に属すと云い得ぬではないが、その根柢にはビスマークの外交的匪望が潜んだ結果で、純乎たる法律問題を以て目すべからざるものであった。又一八七七年の露土戦争は、トルコの条約違反という一素因もあったが、主因は民族的争覇の政治的理由にあった。又さきの大戦において、英国の開戦理由は国際条約の尊重、米国の参戦は中立国の権利問題というにあったが、真個の理由がもっと深い所に存したることは誰しも疑わない。殊に大陸諸国間の戦因に至りては、純乎たる政治的衝突で、法律的性質のものでは全然なかった。かくの如く既往の戦争という戦争は、概ね法律的紛争を以て論ずべからざるものである。

仲裁裁判にて解決し得るもの

由来法律的紛争は、仲裁裁判その他の平和的処理方法で概ね解決の能《で》きること何人も認むる所である。政治的性質のものといえども、或る程度には平和的に解決が能《で》きるはずであるのみならず、実際平和的に解決し得たる実例も既往に乏しくない。仲裁裁判は、従来は専ら法律的紛争のみを解決するに適するものと看做されてあった。然るに、輓近新設の常設国際司法裁判所の如きは、国際的性質を有する一切の紛争を審理し得る機関で、その管轄する所の問題は独り法律的紛争に止まらず、政治的紛争にも及ぶのであるから、この機関にして人々の嘱望する如くに将来いよいよ発達を見る

世に仲裁裁判に附し得ざる問題なし

に至らば、政治的紛争もこれに依り平和的に、司法的に、解決せられ得べき範囲が一層拡まる訳である。往年ハーグ議定の国際紛争平和的処理条約の第三十八条第一項も、もとより法律問題以外の紛争を仲裁裁判より除外したのではない。けれども事実において、法律問題以外の紛争を紛争国が任意に仲裁裁判に附するであろうかは、従来何人も疑問とする所であった。由来仲裁裁判制の上において、将たその運用の上において、常に難関と認められ来たったものは、仲裁裁判の附議事項を掩ふ所の justiciable なる語の適用範囲の問題である。各国間に取り結ばれたる仲裁裁判条約は既往夥しき数に達してあるが、その大部分は世人の知る如く国家の名誉、独立、及び重大なる利害に関する問題なるものを附議事項の範囲より除外しあらざるはない。即ちこの三種の問題は、仲裁裁判に附議し得ざる謂わゆる non-justiciable のものとなってある。

けれども理論上から云えば、凡そ世に仲裁裁判に附議し得ざる問題なるものは無い。如何なる問題といえども、紛争国にしてこれを仲裁裁判に附議することに同意さえすれば、これを附議するに妨げないのである。戦争も一種の裁判と云えば裁判である。その事の是非曲直を道理で判決しないで腕力で判決する所の一種の裁判である。その腕力の裁判には、判決の如何に拘らず、結局否でも応でも服従する所の国家が、道理の裁判である仲裁裁判に服従し得られぬというはずは無い。問題の如何を取捨し、その或るものに就いてはこれを仲裁裁判に附議する能わずというのは、能わざるに非ずしてなさざるのである。附議し得ざるに非ずして、附議するを好まざるのである。米国の前国務長官ルートはかつてこう云ったことがある、「如何なる国際紛争でも、当事国にしてこれを平和的に解決せんと衷心希望するにおいては、平和的に解決し得られぬものは無い。又当事国にして真個に開戦を欲するならば、如何なる些小の紛争といえども戦因となし得ざるはない。紛争問題それ自身は nothing である、これを取り扱う所の精神が every thing である」と。この至言は移して仲裁裁判にも論じ得べきである。

国家の名誉に関する問題

国家の名誉に関する問題なるものは、普通に仲裁裁判なり調停なりに委ぬべからざるものと称する。けれども、現に前にも述べた一九〇四年（明治三十七年）、日露戦役中に英露両国間に起りたる北海事件に関し、英国が露国に謝罪を求むるや、露国はその名誉に関するものとなしてこれを峻拒したが、結局は露国もこの問題を国際委員会の審査に附することに同意し、而してその裁定に服したものである。故に国家の名誉に関する問題とても、紛争当事国して仲裁裁判なり、調停なりに附託せんとの意思さえあれば、明らかにこれを附託し得るはずのものである。そもそも仲裁裁判に附議するを得ずと称せらるる所のその謂わゆる国家の名誉に関する問題とは何であるか。そは約言するに国民のプライドである。国民の自負、矜持、誇衒の表現である。故にその性質及び範囲には、一定の限界を立てんとしても立て得られない。随ってこれを広義に濫用すれば、如何なる紛争といえどもこれを以て国の名誉に関する問題なりとなし、これを仲裁裁判の附議事項以外と主張することが能《で》きぬではない。米国は善く云えば海洋自由主義の擁護、悪く云えば軍需品の欧洲交戦国への売込みがドイツのために邪魔されたので、すなわちドイツに向って宣戦した。米国の参戦理由は、煎じ詰めればこの以外に無かった。しかも米国国民は「吾等の名誉が参戦せざるを得ざらしめたが故に参戦したるなり」と称する（Hill, *Present Problems in Foreign Policy*, p. 235 参照）。国の名誉なるものには一定の標準が無い。神経質の外交官は、宴席の坐順その意に満たないと直ぐ国の名誉を喋々する。偏狭性の国民は、玩具の模造国旗が隣国の市井漢の手にて引き裂かれたのを聞いても、直ぐに国家の名誉観に訴える。名誉観は利害観とは没交渉である。模造国旗が外国の狂漢に引き裂かれたからとて、国民の生活問題には何の関係もない。外交使節が末席を与えられたからとて、米作の豊凶や物価の高低には何等影響せざる所である。けれども人にプライドがある如くに、国にもプライドがある。人が家名を重んじ身分を尚ぶが如く、国もその国位国力の他より軽視せらるるを好まない。随って国の名誉問題なるものは往々重大なる国際問題を惹起し、又これを仲裁裁判の決裁に委ぬるを好まぬということになる。

国家の独立に関する問題

国家の独立に関する問題なるものも、これまたその意義は広狭いずれにも解釈が能《で》きる。或いは国家の国際法上の能力に欠くるなき所の状態即ち独立国としての問題、或いは国家行為の自由即ち独立権としての問題、将た或いは一国の他国の羈絆より離るる独立生存即ち独立承認の問題、いずれも図家の独立に関する問題ではあるが、普通の意味では、国家の自立自存を危うするが如き謂わゆる安危存亡に関する問題と取るべきであろう。然るに米国の如きは往々これを極めて広意に解し、即ち国家行為の自由に係る独立権能の問題にまで及ぼせしむるの例が沢山ある。現に一八八九年（明治二十二年）の支那人排斥法に関する米国大審院の判決には、「合衆国政府がその立法機関の行動に依り合衆国の領土内より外国人を排斥するを得ることは、議論の余地なき問題なりとす。自国の領土に対する法権をこれに及ぼすことは、何れの独立国にも伴う所のものにして、即ちその独立権の一部なりとす」とある（The Chinese Exclusion Case, 130 N. S. 581, 1889)。後段に述ぶる一九一一年の英米総括的仲裁裁判条約に対し、米国上院の加えたる修正の第三に、外国人の合衆国への入国に関する問題はこれを仲裁裁判に附すべき義務なきこととあるのは、やはりその精神からである。国の独立に関する問題を安危存亡に関する問題に限局しないで、広く国際法上独立国たるに伴う権能という風に解釈すれば、大概の問題は挙げてこれを仲裁裁判の附議事項以外に排除し得ることになる。その範囲の漠たることは、国家の名誉なるものの漠たると択ぶ所ない。

重大なる利害に関する問題

重大なる利害に関する問題に至りても、その意義の漠たるは国家の名誉又は独立なるものの漠たるに譲らない。露国が満洲を占領し、進んで朝鮮半島を己れの羽翼に収め、剣尖を我が鼻先に突き付ける。これでは我が死命が制せらるるから、国家の重大なる利害に関すとなして我国が露国と争ったのは、事もとより当然であった。が、かかる国家の死命に係る問題は当然のこととして措き、日常送迎する幾多の国際問題の如き、国家の重大なる利害に関すと云えば一として云えざるは無く、関せずと論せば、これまた一として論じ得られざるは無い。下らなき小問題といえども、為にする所ありてこれを誇大に吹聴せんと欲すれば、国家の重大なる利害問題と号叫して国民を鼓舞狂乱せしめ得られぬではない。故に国家の重大なる利害問題を仲裁裁判の附議範囲外に置くとせば、如何なる問題とても仲裁裁判を肯ぜざることが能《で》きる。即ち何れの国といえども、或る問題に就いてこれを仲裁裁判に附するを欲せざる場合には、これを国家の名誉に係るものとか、重大なる利害に関するものとか称してその除外を主張する。而してその主張に対し、これが当否を決裁すべき機関は無い。これが従来の仲裁裁判条約に免れ難き欠点である。仲裁裁判条約はこれをその無きに比すれば勝れるは論なきも、右の除外例ある以上は、事実何程の効も無く、事を干戈に依りて決するの道は依然綽々として存する。のみならずこれを既往の実例に徴すれば、干戈に依りて決すべき国際紛争は、前述の如くに多くは法律問題でなくして、多くは国の名誉又は重大なる利害の問題と称し得る政治問題であるから、この点に手の届かない仲裁裁判条約は、国際の平和を維持する上においてその力甚だ微弱で、人々これに格別の重きを置かないのも理なきに非ずだ。現に我国も米国との間に明治四十一年以来仲裁裁判条約を有し、大正十二年八月に第三回の有効期間延長に関する協約の調印を見るに至ったが、世人は何程の注意をもこれに払わざるの状である。

義務的仲裁裁判の意義及び賛否

のみならず、仲裁裁判に附議せらるべき紛争案件は、よしんば専ら法律問題に係るものとしても、それが「事情の許す限り」という条件附きであるにおいては、仲裁裁判の制は精々無きに勝る位の功能に止まり、未だ以て十二分の効果あるものとは云えない。これを真個に意義あらしめんとならば、一歩進んで義務的仲裁裁判の制を立つるまでに進めねばならぬ。義務的仲裁裁判とは、特定の紛争をば仲裁裁判に附すべき旨を予め協定し置き、後日その特定範囲に属する紛争が発生したる場合に、右協定上に基いてこれを仲裁裁判に附すべき義務あるものを云うのである。この義務的仲裁裁判のことは、前後二回のハーグ平和会議においていずれも議題に上ったが、両回共に率先これに反対したのはドイツで、墺伊これに和し、我が日本も墺伊と共にドイツの反対論に加担した。ドイツが率先反対したのは、その年来の政策より推して怪しむに足らない。ドイツは国際協力ということには、これを自国の利益に利用し得るに非ざる限り、とかくに難癖をつけて反対するのが常であった。殊にドイツは、独力以て世界を支配せんとの意気込みが強かったので、その外交上に拘束を受くるが如き義務的仲裁裁判制の如きは、てんで初めより一笑に附した。彼は義務的仲裁裁判制に依らずとも、自国の力は自国の利益を擁護するに充分と信じた。否、かかる制は進んで自国の利益を主張するに却って邪魔物なりと信じた。故にドイツは、案の条これに反対した。義務的仲裁裁判制は国家主観の観念に矛盾し、且つ軍事行動に掣肘を加うるものであるから不都合であると称して反対した。而してその同盟輿国、及び義務的仲裁裁判制は事実において白人を利するに過ぎずと信じたる我国も加わり、遂に否決となり、僅かに第二回同会議の最終決議書の上に、単に主義上これを承認するとか、或る種の紛争に関しては至極結構であるとかいう風の極めて微温的宣言を附加するに過ぎなかったのである。

米国と義務的仲裁裁判

米国にては、能うべくんば義務的仲裁裁判の制を確立し、その義務事項の範囲を拡張し、将た能うべくんば一切の国際紛争を仲裁裁判に依りて解決することに一歩を進めんとの運動は疾く起り、既に一八七四年（明治七年）に同国下院にてはその趣旨を建議する決議をなし、一八九〇年（明治二十三年）には上下両院の聯合決議で同様のことを大統領に建議した。米国の運動は他の米大陸諸国に及び、延いては欧洲二三の国にも漸次盛んになった。これより先き一八八九年（明治二十二年）の第一回全米会議においては、義務的仲裁裁判案は議題に上り、参加の米大陸諸国委員は主義において挙って賛成した。然るに同会議においてその具体的方法の討議に移るや、当時たまたまメキシコはグワテマラとの間に境界に関する紛争問題あり、チリとアルゼンチンの間にも同じく境界問題に就いて互いに争い居りし関係上、墨智亜《（メキシコ・チリ・アルゼンチン）》の三国委員より種々の異議起りて妥協成らず、条約案だけは出来て米国を始め米大陸の大多数の国々はこれに調印したが、不調印国の態度に鑑みて各国共遂にこれを批准するに至らず、そのまま高閣に束ねられた。が米国においては、義務的仲裁裁判論者はこれがために勢更に屈せず、英国にありても同様の論者次第にその数を増し、而して彼等は、世界の二大英語国にして幸にその間に義務的仲裁裁判案を具体化せしむるを得ば、以て範を他の大小列国に示し、その実現を洽《あまね》く期さしむる上において有効的径路を作すべしとの見地から、英米両国の同志は一八九六年（明治二十九年）華府《（ワシントン）》に相会し、米国の有力者も多数これに参加して大いに気勢を揚げた。

翌九七年、英米間に仲裁裁判に関する一条約の調印が出来た。この条約には紛争案件を二種に分ち、領土問題又は国家の権利問題を包含せざる所の案件はこれを普通の構成における国際仲裁裁判廷の審理に附すること、その裁判官は米国の大審院又は巡回裁判所の判事三名と英国の大審院判事又は枢密顧問官三名より成ること、裁判は五名の多数決を要すること等の規定があった。その調印者の名を取り、俗にこれを「オルニー・ポーンスフォート条約」（"Olney-Pauncefote Treaty"）と称する。けれどもこの条約は米国上院において反対を受け、遂に不批准に了った。その不批准に了った一原因は、予て米国には英国より帰化した者で英国に好感を有せず、いやしくも英米の親好に寄与するが如き画策にはことごとく反対するという一派があった所、米国の議員中には、選挙場裡において彼等一派の投票を集めんがため、ことさら彼等に媚びて該仲裁裁判条約案に反対したという事情にもあったのである。その後英米間には一九〇九年（明治四十一年）に仲裁裁判条約が出来たが、この条約は両締約国の重大なる利益、独立、もしくは名誉、並びに第三国の利益に影響すべき紛争は附議事項より除外せられてあるから、要するに月並の仲裁裁判条約に過ぎなかった。

第四項　総括的仲裁裁判

米英総括的仲裁裁判条約の調印

然るに降って一九一一年（明治四十四年）の八月、米英（及び米仏）間に総括的仲裁裁判条約が調印せられた。丁度その前年のことである、米国議会にては「一般平和に関する委員任命」ということに関する聯合決議が可決せられた。この決議はすこぶる重要の文句を含んだもので、即ち「国際的協定に依り世界各国の軍備を制限せんがため現存の国際的機関を利用し、及び世界の聯合海軍を以て一般的平和の維持のためにする一の国際的武力に充当するの方法を講究せんがため、並びに政府の軍事費を軽減し戦争の可能を減少すべき他の何等手段を講究及び報告せんがため、大統領において五名の委員を任命すべきこと、但しこの聯合決議に依り委任せられたる経費は、総額一万ドルを超えざること、又該委員は本決議の通過の日より起算し二ヶ年以内に最終報告をなすべきこと」というのであった。大統領タフトは同一九一〇年六月これを裁可し、次いでこれに対する各国の態度を試探した。然るに各国に格別の反響も無かった。けれどもタフトはなかなか熱心で、同月末自身の肝煎である「米国国際紛争司法的処理協会」の定期総会に臨んで大いに仲裁裁判論を高唱し、殊に国際紛争は国家の名誉もしくは重大利害に関するものと否とを問わず、総てこれを仲裁裁判に依りて解決することにしたしとの意見を提唱した。一国の責任ある主脳者が、私会とはいえ公然かかる思い切った論を高唱したのだから、世間には相応の注意を惹いた。かくて彼はいよいよその理想を現実せしむるに一歩を進め、英仏両国に対し右の趣旨を以て交渉を開始した。而して両国共に主義においてこれに同意を表したので、いよいよ具体的条約に関する開談となり、米国国務省参事官アンデルソン、在華府《ワシントン》英国大使ブライス、同仏国大使ジュッスラン等相議して案文を起草し、一九一一年八月三日に双方これに調印した。これが当年の総括的仲裁裁判条約である。

この総括的仲裁裁判条約は、従来の有り触れたる仲裁裁判条約に見るが如き国家の名誉とか重大利害とかを附訟事項より除外するをなさざりし点において確かに総括的である。が、然らば一切の国際紛争にして外交的に解決し得ざりしものはことごとくこれを仲裁裁判に依りて解決すべしと云うのであるかと問わば、然りとは答えられぬ。即ちその第一条に「締約国の一方より他の一方に対し提起せる条約上又はその他の権利の要求に基き両締約国に係属する国際的事項に関し、今後両締約国間に発生する一切の紛争にして外交に依り調理する能わず、而して法理又は衡平の原則の適用に依り決裁するを得べき附訟的の性質のものは、これをハーグ常設仲裁裁判所又は各事件に付き特別の取極めに依りて決定せらるべき或る他の仲裁裁判廷に提起すべし」とある通り、総括的仲裁裁判に附せらるべき事件の要素としては、（一）その紛争が国際的事項なること、これは論がない、（二）外交に依り調理する能わざるもの、これもまた論なき所である、（三）条約上その他の権利に基くものなること、（四）法律又は衡平の原則の適用に依り決定するを得るにおいてその性質上附訟的のものなること、この四要素を具備せねばならぬ。故に紛争が条約上その他の権利に基くに非ざるもの、及びその性質上附訟的に非ざるものは、総括的仲裁裁判の管轄以外である。

然らばここに一紛争が発生するとする。その紛争が右の条件に合格するか否か、殊にその果して附訟的のものであるか否かは誰れが決するか。これに就いては第二条に「両締約国は又必要に応じ、且つ後条の定むる所に依り、共同審査委員会を設置することを約し、第一条の範囲に属する、両国間の紛争にして未だ仲裁裁判に附せられざるもの、その他将来両国間に発生する一切の紛争にして第一条の範囲に属するものとの見解一致せざるものは、締約国の一方の請求に由り、これを該委員会の公平且つ誠実なる審査に附すべし」とある。この審査委員会は両締約国より三名ずつ、即ち六名で構成し、その審査の報告は原則として参考的のものとし、唯だ例外として第三条第三項に「然れども一紛争が本条約第一条に依り仲裁裁判に附せらるべきものなるや否やに関し両締約国の見解一致せざる場合には、その問題は共同審査委員会に附議すべく、而して該委員の全部又は一名を除ける全部において右紛争は第一条の範囲に属すと決定報告するときは、これを本条約の規定に従い仲裁裁判に附すべきものとす」とあるが如く、或る紛争の附訟的なるや否やの疑義に対しては、該委員会の決定報告は拘束的である。かくの如く謂わゆる総括的なるものを巨細に分析すれば、叙上の如き多少の条件があり、且つ紛争を仲裁裁判に附する場合に米国政府はその都度これに関する特別協定（争点の限定、裁判官の選択、その他の細目を規定する謂わゆる仲裁契約）を上院に附議すべく、而して英国政府も、問題の自治領土の利害に関するものたる場合には、当該自治領土の同意を求むる権利を留保するという留保附であった。随って右の条約は、世人の往々誤解するが如き、一切の国際紛争を無条件且つ無留保にて必須的に仲裁裁判に依り決するというものではない。けれども既往月並の仲裁裁判条約案、即ち国家の名誉もしくは重大利害に係ると紛争当事国自身が任意に認定する一切の紛争を除外せるものに比すれば、その一進境を示せるや勿論であった。

然るに米国上院にありては、この条約案に対し三つの修正を加えた。その第一は、政府が上院に附議すべき第一条所定の特別協定（Special agreement）は必然条約（Treaty）の形式に則らしめ、仲裁裁判の各問題毎にその都度上院の助言及び同意を求むる手続を執るべきの意を明らかにすること、第二は、共同審査委員会には特定の紛争を仲裁裁判に附すべきものと最終的に決定するの権能を認許せざること、而して第三は、外国人の合衆国への入国、州の教育制度、州又は合衆国の領土保全、州の債務等に関する問題、ならびにモンロー主義の維持に影響する問題、その他全然行政的政策に関する問題等に就いては、これを仲裁裁判に附すべき義務なきこと、これである。

右修正の第一点たる特別協定を条約の形式に則らしむべしとの注文は、一九〇八年の英米仲裁裁判条約の米国上院に附議せられた際にも、特別協定はその都度予め上院に附議すべしとの論出《い》で、結局その決議となったのである。けれども時の大統領ルースヴェルトは、かかる拘束を上院より受くるの制は仲裁裁判条約の退歩である、そんなものは予これを裁可するを欲しない、とてこれを紙屑箱に葬って了った。実を云えば、上院をして右の注文をなさしむるに至りたるに就いては、ルースヴェルト彼れ自身にも多少の責任がある。彼はこれに先だつ少し前、上院に諮るなく独断にてサント・ドミンゴの財政を米国の管理の下に置いた。上院は恰も右の仲裁裁判条約案を審議しつつありし際にその報道に接したので、大統領の独断擅行は何をやり出すか知れない、このままにして置くと憲法上賦与せられある上院の権能も無茶苦茶にならぬとも限らない、ここは一つ大統領の委任事項に制限を加え置かざるべからず、と考えた。その結果が則ち右の修正となって現われたのである。而してルースヴェルトは、この修正が癪に触ったので、そのままこれを埋没したという次第である。されば後任のタフトは、一九一一年に前述の総括的仲裁裁判条約を締結するにあたり、前年の上院の決議を顧慮し、仲裁案件を予め上院に附議するの精神を体してこれを立案した。然るに同条約の上院の議に移るや、上院にては政府当局者の右の精神尊重というだけでは満足せず、条約文面の agreement を treaty と修正して上院に当然附議せられざるべからざるものたるの意を一見明瞭ならしめんとしたものである。

次に修正の第二点は、「本条約第二条及び第三条に規定したる共同審査委員会の機関は、本院の憲法上条約関係の一切の問題に参与するの権能を奪うものたること疑うの余地なし。本院外交委員会は、憲法上当然上院に属する権能を外部の一委員会に附与するを以て米国憲法の違反なりと信ず」と称して共同審査委員会に最終決定権を認許せざるの意を表白したものである。修正の第三点は読んで字の如くで、別に説明を要しない。

大統領の不同意

大統領タフトは不同意を表した。彼が後年公刊したる自著に曰う、「上院の一部では、この修約の結果は将来の問題を仲裁裁判に附するに就いて許否を表すべき所の上院の権能を奪い、ために上院をしてその憲法上賦与せられある外交参与権を行使するを得ざらし《ママ》るものなり、としてこれに異議を唱えた。即ちかかる条約は、我が上院に賦与せられある外交上の決定権を常設仲裁裁判廷に委譲するもので、上院としてかかる委譲に同意するは非立憲的なりと云うにあった。予はこの説を以て根本的に誤謬なりと思う。けだし我国と外国との間に現存する一紛争を仲裁裁判に附議せんということに上院が同意するのと、将来の或る種の紛争はこれを仲裁裁判に附議せんということに上院の同意するのと、その間に主義上何等の差異は無い。もし或る問題を仲裁裁判に附議するということが上院の憲法上有する外交参与権を仲裁裁判廷に委譲するものと云うならば、上院は仲裁裁判の附議に同意するの権能を全然有しないことになる。然るに上院は、建国以来幾たびかこれに同意したではないか。或いは云わん、或る問題が条約の規定項目の中に入るや否やを予備的法廷をして決せしむるのは、これ即ち上院の権能の委譲であると。けれども、この論の誤れるは前のと択ばない。或る問題が条約の分類中に落つる附訟事項であるや否やは、条約の構成上の問題である。而して仲裁裁判に関する最も普通なる問題の一は、条約の正しき構成に関する問題に外ならない。故に上院にして或る問題が条約の規定する附訟事項の範囲に入るべきものなるや否やを将来仲裁裁判廷をして決せしむることに同意するとしても、そは畢竟条約の構成を将来必要に応じ仲裁裁判に附訟せしむべきことに同意するに過ぎない。これは既往幾多の仲裁裁判条約において見る所の例である。随って上院にして、もし憲法上の権限を制限せらるるものとしてこれに反対するものとせば、その見解は正しくない。上院が政策上の見地よりしてその可否を論ずるならば、そは別問題である。が、世上国際紛争の仲裁裁判の解決を企図し、これがため国際聯盟の建議を重要視する人々は、予の以上指摘したる点に対する上院の態度は、たまたま以て我が米国をしてかかる聯盟に加入するを不可能ならしむるの一事を了解せざるべからずと信ずる。これ予の当時は勿論、事既に去れる今日にありても、なお且つこの点に関する上院の謬見を強く論駁する所以である。」と（Taft, *Our Chief Magistrate and His Powers*, pp. 107-8）。彼が不同意を表した理由は、これにて明瞭である。

されどとにかく、当時米国上院は以上の諸点を挙げて反対したので、これがため米英（及び米仏）間に折角調印の出来た総括的仲裁裁判条約は、そのまま廃案となって了った。その後他の国々の間で多少これに類似せる仲裁裁判条約を締結したのもある。現に一九〇二年のアルゼンチン・チリ、一九〇四年の蘭丁《デンマーク》、一九〇五年の伊丁、一九〇七年の丁蘭、伊亜《アルゼンチン》、及び同年のコスタリカ、グアデマラ、オンジュラス、ニカラガ、サルヴァドルの諸国間、一九〇九年の伊蘭、一九一八年の英国とウルグアイ、いずれも或る程度に総括的仲裁裁判の牲質を加味してある。けれども、厳正の意味における総括的仲裁裁判条約と称するには、なお少なからざる距離がある。要するに米国の上院は、国際紛争を能う限り仲裁裁判にて解決せんとの国際協調主義にはもとより反対しない。けれども上院の条約批准権に関する問題となると、常に批准権の方を国際協調主義よりも重しとすること、右の修正趣旨においても、往年のハーグの国際紛争平和的処理条約に対する留保においても、将た後年の国際聯盟規約批准問題の際においても、毎々発露したる所の一定不抜の伝統的方針である。

第五項　ブライアン平和条約

謂わゆる平和促進条約

タフトの総括的仲裁裁判条約案はかくして不成立となった。彼の後任ウィルソンは、再びこれを盛り返すことは試みなかったが、その就任後程なく別種の国際紛争処理方法を案出し、即ち米国が既に二十有余国と締結したる仲裁裁判条約はこれをそのままに存置し、別に仲裁裁判の附訟事項に属せざる一切の紛争を一種の審査委員会に附議するの条約を補足的に各国と締結することに志した。この目的を以て成りしものが「平和促進条約」（"Treaty for the Advancement of Peace"）、俗に「ブライアン平和条約」（"Bryan Peace Treaties"）なるものである。

ブライアンの提唱

時の国務長官ブライアンは、予てより一切の国際紛争をば、その性質の如何を問わず、先ず一応国際紛争審査委員なるものの審査に附することに依りて開戦の危険率を減少せしめんとの考案を抱いて居った。彼は一九〇五年（明治三十八年）九月世界漫遊の途に上るや、各国の識者に向ってこれを説いてその考量に供した。当時彼は先ず本邦に渡来し、東京にて銀行集会所の招宴の席上この意見を述べたことがある。けれども列席の我が実業家の多数は、通り一片の挨拶視してこれを聞き流し、何等の共鳴も反響もこれに与えなかった。翌年六月、彼がロンドンに到りてこれを説くや、英国内には同感者少なからず現われ、時の首相カメル・バンナーマンの如きは率先これに賛し、当時ロンドンにて開会中の万国議員聯合大会に臨んでなせる演説中において有力なる裏書をこれに与えた。

かくてブライアンは、帰国後機会ある毎に自説を朝野に宣伝し、大統領タフトの英仏両国政府との間に総括的仲裁裁判条約の交渉を開きたる折には、大統領に献策して考案の一部分を該条約案の中に挿入せしめた。その後彼がウィルソン大統領の下に入って国務長官となるや、大統領に説いてこれを公式に各国政府に提議することとなり、一九一三年（大正二年）四月二十四日在華府《ワシントン》三十九ヶ国代表者を国務省に招き、親しく提案の要旨を述べて案文をこれに交付し、その考量を促求した。提案の趣旨は、要するに仲裁裁判条約において附訟事項より除外せられたる或る種類の問題までも包括せしめ、一切の国際紛争をば、その性質の如何を問わず、先ず一応国際紛争審査委員会の審査に付し、その審査終り報告に接するまでは、紛争当事国は如何なる事情あるも開戦せず、ということの条約を取り結ばんとするにあった。彼が後年米国国際法協会のスコットに送りし書束（一九一七年九月三十日付）に依れば、ブライアンはその提案の利益として自ら記して左の三点を挙げたりとある。

「第一は、激情を鎮め理性に還らしめ、即ち熱を冷ますの時を与うるの効がある。現下の大戦にしても、もしなお一週間という熟慮の時があったとしたならばこれを防ぎ得たであろうとは、欧洲二三外交家の信念である。本計画は実に五十有二週間の期間を与うるものである。第二は体面問題と事実問題とは激情の前にはとかく混淆せられ易きものであるが、本計画はこれを冷静に殊別せしむるの時を与うるものである。第三は、本計画は世界の平和的勢力に向って活動開始の時を与える。

「本条約は開戦を不可能とはなさしめざるも、その可能性を薄からしむるの効はある。何れの国も、国際的法廷において事実の審査に一ヶ年を経過したる後は、軽々しく開戦の挙に出でまい。

「各国は戦争の機関はこれを有し来たった。各国は開戦せんと欲せば一週間を出でずして能《で》きる。然るに不思議にも、各国は外交手段の解決し能わざる紛争を調理すべき機関は一もこれを有しない。周旋なり居中調停の道はある。けれどもこれに依頼するに先だち干戈に訴えんとしても、これを遮止する方法はない。本条約は則ちその機関を提供するもので、外交その功を奏せずんば直ちにこれを利用するを得るのである。時勢は早晩一切の問題を例外なしに仲裁裁判に依りて決するの日を迎えるであろう。が、その日の到達するまでは、一切の問題を審査機関に附するの条約は、開戦に対する最善の保険とせねばならぬ。」

ブライアンの提案の精神は、要するに右の三点に外ならない。

かくて彼は在華府《ワシントン》各国代表者にその意見を説明したる後、進んで本条約の締結方に就いて各国政府との間に交渉を開いた。而してサルヴァドル国は第一にこれに応じ、同年八月七日右条約に調印し、次いで中米二三の国もその顰に倣い、欧洲にありてはオランダが先頭として同年十二月これに調印し、翌一九一四年十月までに東西三十ヶ国は相次いで米国との間にこれが調印を了した。その中には、英米仏露伊の諸国は勿論、東洋国では支那及びペルシャもこれに加わった。唯だ主義においては異議なかりしも条約の調印はこれをなさなかった重なる国は、欧洲にありてはドイツ、オーストリア・ハンガリー、及びベルギー、東洋にありては我が日本、米大陸にありてはメキシコ及びコロンビアである。右三十ヶ国との条約中、パナマ及びサント・ドミンゴを除ける余の二十八ヶ国との条約には、一九一四年十月までに米国上院これが批准に同意し、中には何かの都合で批准交換をしなかった国もあるが、大部分は疾く批准交換を経て完全に成立した。次いで一九一五年五月、南米のアルゼンチン、ブラジル、及びチリの三国間に同様の国際紛争審査委員常設のことを規定せる謂わゆるA. B. C. 条約の成立したことをここに附け加えて置く。

その条文及び主眼

米国と二十八ヶ国との間に成立した右の平和条約は、条文逐一同じではないが（但し前文は皆同一で、即ち「両国間を結合する親好関係を鞏固にし且つ一般的平和の基本を促進せんことを希望し云々」とある）、その大眼目たる常設国際委員をして国際紛争の審査に当らしむることの規定はいずれも大同小異で、今一九一四年九月十五日調印の英米条約に就いてこれを訳出すれば左の如くである。

第一条　両締約国は両国間の現行諸協約の下に解決方法の規定且つ実行せらるるもの の外、凡そ一切の紛争は、その如何なる性質のものたるを問わず、もし外交手段に依りて処理すること能わざる場合には、次条に定むる所の方法に依りて構成せらるべき常設国際委員会の審査に附し、その報告を求むべきことを約す。両締約国は又その審査中、及びその報告に接する以前において、戦を宣し又は戦闘を開始せざるべきことを約す。

第二条　国際委員会は左記の任命法に依る五人を以てこれを組織す。即ち両締約国政府は各一人ずつを自国人中より、又各一人ずつを第三国人に就いて選定すべく、而して余の一人は両締約国政府協議し、各自国人以外の者に就いてこれを選定すべし。委員の経費は両締約国均等にこれを分担すべし。

国際委員は本条約の批准交換後六ヶ月以内にこれを任命すべし。欠員を生じたる場合には元任命の方法に依りこれを補任すべし。

第三条　両締約国間において紛争を外交手段に依りて処理すること能わざる場合には、直ちにこれを国際委員会の審査に附し、その報告を求むべし。国際委員会は又全会一致の決議に依り、自発的にその任務を提供することを得《う》。締約国は国際委員会に対しその審査及び報告に必要なる一切の方法及び便宜を供与すべきことを約す。この場合においては、国際委員会はその旨を両締約国政府に通牒し、その審理に関する共助を請求すべし。

〔第二項は英国の海外領土に関する特殊事項に付き略す〕

国際委員会の報告は、紛争当事国間において期限の伸縮に関し別段の合意なきときは、審査開始後一ヶ年以内に完成すべきものとす。報告書は三通を作り、二通を紛争当事国に送り、一通は委員会に保存すべし。

締約国は委員会の報告に接手後、当該紛争問題に就いて独立に行動するの権を留保す。

而して本条約の有効期限は、批准交換後五ヶ年とし、満期の上は、締約国の一方がこれを終止するの意思を他の一方に通告したる日より起算しなお一ヶ年間その効力を有すとしてある。

この外サルヴァドル外二十有余国（英国を含む）の各対米条約には、当初重大なる一ヶ条が別にあった。即ち右三ヶ条の外第四条として「締約国は国際委員会の審査中、及びその報告に接する以前において、その陸海軍計画を増大せざるべきことを約す。但し第三国よりの危険に由りその増大を必須とする場合はこの限りにあらず。右但し書の場合においては、その脅威を感ずる締約国の一方は他の一方に対し、その旨を内密に文書を以て通告すべく、而してその通告を受けたる他の一方は、自国の陸海軍の現状を維持するの義務より均しく免除せらるべし」との規定があったのである。然るに米国上院においては、陸海軍計画の拡大の禁止はこれを監視することすこぶる困難で、事実行われ難いのみならず、締約国の一方と第三国との関係は締約国において何等干知する限りにあらざるが故に、本条は全く不用の規定なりとの論出《い》で、批准同意の際にこれを削除して了った。米国と第六番目に本条約を締結したるオランダは初めからこの条項に不同意で、これを挿入せざることに談合が成ったので、余の諸国中には米蘭条約に倣い、初めよりこの一条を設けなかったものもあった。

平和促進条約の要旨は概略叙上の如きもので、要するに一切の国際紛争は必然先ずこれを常設国際委員会（この常設の文字が適当であるやはいささか疑わしい）の審査に附し、一ヶ年内に受くべきその報告のあるまでは開戦するを得ないという謂わゆる開戦停止期間を設定したのがその主眼である。故にこの条約には一名「冷やし」条約（"Cooling-off" Treaties）の称があった。その冷やし器械は右の常設委員会の審査で、別言すれば Conciliation 即ち調停である（Conciliation を調停と訳するのは、mediation を普通に居中調停と称するに対し命題いささか紛らわしく、むしろ Conciliation は勧解又は和解と訳するのが可《よろし》いように思わるるが、昨今一般に調停と訳されてあるから、暫くこの訳語を追うことにする）。この調停制は、前に述べたハーグ条約所定の国際審査委員会の上に認められて以来、国際紛争を平和的に解決する重要なる一方法となった。その以前にありては、国際紛争の平和的処理方法といえば専ら周旋、居中調停、及び仲裁裁判の三者であったが、ハーグ条約所定の国際審査委員会の謂わゆる「審理」に依り、調停制が公然国際条約の上に制定せられた訳である。ブライアン条約の国際委員会は、大体右の国際審査委員会に則ったものである。

のみならず、ハーグ創定の国際審査委員会の取り扱う事項には「当事者カ事情ノ許ス限」という制限が附してあるが（第九条）、ブライアン条約の国際委員会にはこの類の制限なく、いやしくもその解決方法が現行諸協約の下に規定且つ実行せらるるものの外は、一切の紛争は必然先ずこれを同委員会の審査に附さねばならぬとあるにおいて、ハーグの規定よりは一歩進んだものである。尤も同委員会の権限は、専ら事実の審査に当るに止まったから、その働きは未だ充分とは云えない。これに比すれば、後章に検討するショットウェル案においては、進んで紛争解決の勧告をなすの権限をも与うるものとしてあるから、更に一段の進境を示せるものと云うべきである。

されどブライアン条約の国際委員会とても、その報告あるまでは開戦するを得ないという開戦停止期間をこれに依り設定したることは、一面において後日成立の国際聯盟の規約第十二条に依る開戦停止期間の範例を立てたものと云い得られるのである。随って国際聯盟のこの点に関する効用を肯認する者は、同時に右の平和促進条約の価値をも肯認すべきである。勿論国際委員会の報者は勧告に止まり、判決ではない。随って紛争当事国がこれを採択すると否とは自由で、報告後においてその執るべき行動がために拘束せらるるのではない。これは仲裁裁判と性質を異にする要点である。英国が一九一四年九月、米国との間に右の平和促進条約を締結するや、同国政府はこれを以て日英同盟協約（第三回）第四条に謂う総括的仲裁裁判と同一に看做すべき旨を我が政府に通牒し、而してこれに対し我が政府よりは一応その見解に同意し難き旨を答えたるも、当時敢えて深くこれを論究せず、爾来事実において黙認の姿となり、随って事実において英国は日米開戦の場合に日英同盟に因る参戦の義務なしとの諒解になったが、外交論としてはとにかく、法律論としては、仲裁裁判と全然性質を異にする該条約を以て一種の総括的仲裁裁判条約と同一視したる英国政府の見解の誤れるは論を俟たない。

その反響及び効果

平和促進条約の規定に係る所の前述の国際紛争審査委員制は、他の方面は暫く措き、殊に欧洲は時恰も曠古の大戦を迎え、時機の許さざりし関係もあったので別論とし、南米二三の国々の間には甚大の好反響を与え、独り米国との間においてのみならず、各自の間にもこれを締結するに利ありとの論期せずして相一致し、アルゼンチン、チリ、及びブラジルの三国は一九一五年五月を以てブライアン平和条約と内容をほぼ一にする前述A. B. C. 条約を彼等の間に締結した。仮にもしその後国際聯盟の成立を見るなかったとしたならば、本条約は相応に世界の注意を惹き、その加盟国もしくは新締結国の数も一層に増加し、随って国際政治の上に最も重要なる一機関となるに至ったに相違ない。が、その後成立したる国際聯盟において同じようなる聯盟理事会の審査、開戦停止期間ということが設定せられ、而してこの規約に世界の多数国が現に加盟するに至ったのと、将た一は平和促進条約の大多数は世界の視線が一に欧洲戦局の上に集中し居れる際に出来たので、世人は概ね該条約の成立の事実をだに知らぬという位のものであったから、その実際の効用はほとんど無いと択ぶなく、世上またほとんどこれに注意を払える者も無い始末である。

現に有効なのは米国と三ヶ国

殊に又、本条約の核心は右に云える国際委員会そのものにあるが、米仏間にありては、その委員たる米国側のオルニー（Richard Olney）は一九一五年四月、又仏国側のルノール（Louis Renauld）は一九一八年二月いずれも死去し、しかも両国共その後任を選任するの手続を執らず、両国共その代表者を再選せず、欠員のままに打ち棄てた。又英米間の同条約にありても、米国側の同委員グレー（George Gray）は一九二五年八月、英国側の委員ブライス（Vic't Bryce）〔※ James Bryce, 1st Viscount Bryce〕は一九二二年一月またいずれも他界し、而してその後任はやはり選任がなかった。随って国際委員会は事実において構成を失った訳となり、その結果として本条約の少なくもそれ等諸国の間には、事実的に自然消滅になった姿である。他の締約国中にありても、本条約はいずれも有効期限を五ヶ年と定めてあるから、継続の意思なくして五ヶ年を期とし廃棄した国もあり、今日なお有効に維持せられて居るのは、米国とポルトガル、デンマーク、スウェーデンの三国間のみと承知する。

第六項　国際聯盟規約の不戦規定

国際聯盟規約はその第十一条ないし第十五条において、一種の不戦規定を設けた。これを不戦規定と云うては多少の語弊あるか、既に第一章に述べた如く、不戦なるものを無用な戦争、やらないで済む戦争、義戦以外の戦争、これを避くる意味にての不戦と解すれば、聯盟規約の右条項もまた一種の不戦規定というに妨げない。今その内容を略叙するに就いて、順序としてこれを戦争の共通利害、開戦前の予備手段、仲裁裁判の裁定又は司法的解決、及び聯盟理事会の審査、の四段に分って見るを便利とする。

戦争の共通利害

第一には、戦争又はその脅威の共通利害である。第十一条第一項に依れば、凡そ「戦争又ハ戦争ノ脅威ハ聯盟国ノ何レカニ直接ノ影響アルト否トヲ問ワス総テ聯盟全体ノ利害関係事項」とし、これに対し「聯盟ハ国際ノ平和ヲ擁護スル為適当且有効ト認ムル措置ヲ執ル」のである。而して「此ノ種ノ事変発生シタルトキハ事務総長ハ何レカノ聯盟国ノ請求ニ基キ直ニ聯盟理事会ノ会議ヲ招集」する。又同第二項には、「国際関係ニ影響スル一切ノ事態ニシテ国際ノ平和又ハ其ノ基礎タル各国間ノ良好ナル了解ヲ攪乱セムトスル虞《おそれ》アルモノニ付聯盟総会又ハ聯盟理事会ノ注意ヲ喚起スルハ聯盟各国ノ友誼的権利」なりとしてある。即ち第一項の場合においては、当該聯盟国は聯盟理事会の招集を請求するの権利あるが、これに反し第二項の場合には、単に聯盟総会又は聯盟理事会の注意を喚起するの権利に止まるの差がある。

この規定は、ハーグ平和会議の時代から見ると、国際協力の観念に著しき進境あるを認めざるを得ない。当年の国際紛争平和的処理条約（第二回）の第三条には、重大なる意見の衝突又は紛争を生じたる場合には「紛争以外ニ立ツ一国又ハ数国ガ事情ノ許ス限リ自己ノ発意ヲ以テ周旋又ハ居中調停ヲ紛争国ニ提供スルコトヲ有益ニシテ且希望スベキコトト認ム」と規定せるも、これは読んで字の通り、甚だ生温い意見の表示に過ぎない。又同条約第四十八条第一項には、「締約国ハ其ノ二国又ハ数国ノ間ニ激烈ナル紛争ノ起ラントスル場合ニ於テハ常設仲裁裁判所ニ訴フルノ途アルコトヲ之ニ注意スルヲ以テ其ノ義務ナリト認ム」とあるが、その義務の履行方に就いては何等の規定なく、これを履行するもせざるも締約国の任意である。殊に同条第二項には、「常設裁判所ニ訴ウベキコトヲ勧告スルハ全ク周旋ノ行為ニ外ナラザルモノト認ムベキコトヲ宣言ス」と規定して、如何にも紛争当事国の御機嫌に触れざるように、こわごわ勧告するという精神が表われて居った。国際聯盟の下にありてはこわごわではなく、聯盟総会又は聯盟理事会の注意を堂々と喚起し、これをして「国際ノ平和ヲ擁護スル為適当且有効ト認ムル措置」を執らしむる権利があるのである。但し何を以て適当且つ有効の措置と認むるかは聯盟の裁量に属する。

開戦前に執るべき必須手段

次には紛争当事国が開戦前に必須的に執るべき予備手段である。その予備手段は第十二条に「聯盟国間ニ国交断絶ニ至ルノ虞《おそれ》アル紛争発生シタルトキハ当該事件ヲ仲裁裁判若《もしく》ハ司法的解決又ハ聯盟理事会ノ審査ニ付スベク云々」とあるが如く、仲裁裁判もしくは司法的解決に訴うるか聯盟理事会の審査を求むるか、二者必ずその一を択ばざるべからざるかがそれである。この規定は実に国際聯盟規約の主要なる一眼目で、この規定あるにおいて聯盟に始めて意義あり生命あることは、既に第一章においてこれを述べた。

仲裁裁判又は司法的解決の附託

紛争当事国はその紛争事件を仲裁裁判もしくは司法的解決に訴うべきか、将た聯盟理事会に持ち出すべきか、の選択は己れの任意である。且つその審理を求むべき紛争事件の種類及び性質に就いての取捨も自由である。但だ仲裁裁判もしくは司法的解決に附すべき紛争に関しては、第十三条第一項に「聯盟国ハ聯盟国間ニ仲裁裁判又ハ司法的解決ニ附シ得《う》ト認ムル紛争ヲ生シ其ノ紛争カ外交手段ニ依リテ満足ナル解決ヲ得ルコト能ワザルトキハ当該事件全部ヲ仲裁裁判又ハ司法的解決ニ付スベキコトヲ約ス」とありて、即ち聯盟国において仲裁裁判又は司法的解決に附し得《う》と認めたる紛争なること、及び外交手段に依りて満足なる解決を得る能わざる紛争なること、という条件があるのみである。故に外交手段にて満足なる解決を得るものならば勿論、聯盟国たる紛争当事国の双方又は一方がその主観的判断に由り仲裁裁判又は司法的解決に附するを得ずと認めたる紛争は、もとよりこれに附すべき限りでない。これだけの余地の取ってあることは、国際聯盟の仲裁裁判又は司法的解決が必ずしも義務的仲裁裁判の性質のものに非ざるを示すものとして注意すべき一点である。初めパリ講和会議において国際聯盟案を討議せる際に、仲裁裁判を義務的となすべしとの説は一部の間に起った。殊に小国代表者は多くこれに賛したけれども、これを義務的とするに就いては、その先決問題となるべきものは国際司法裁判所の構成及び権限である。その構成及び権限にして一定の輪廓を作り得ざる間は、義務的仲裁裁判のことは具体的の問題となり得ない。これがため仲裁裁判を義務的となすの説は、多数国の賛成を得ずして自然廃案となったのである。

司法的解決（Judicial settlement）とは、従来の仲裁裁判制（ハーグの常設仲裁裁判所又は他の仲裁裁判者）に係る裁判と、聯盟設置の常設国際司法裁判所の判決に依るそれとを区別せんがために、前者を仲裁裁判というに対し特に後者に命名したるもので、一九二一年十月四日改正、一九二四年九月二十六日実施の聯盟規約第十二条及び第十三条の新条文において採択せられた称呼である。この区別は単にその取り扱う機関の差異に由る名称上の区別に止まり、本質上の区別ではない。或いは応訴義務の有無をこの区別に解する者もあらんが、今日の処では、そは当れる見解でない。応訴義務は、これを受諾する国々次第に増加し、既にこれを受諾したるもの今日十六ヶ国を算し、今後も益々増加する傾向はあるが、未だ以てそれが各国全般に至らぬから、仲裁裁判及び司法的解決の理想との間にはなお甚大の距離あるを否み得ない。

仲裁裁判又は司法的解決に附すべき紛争を以て紛争当事国において仲裁裁判又は司法的解決に附するを得《う》と認めたる紛争なること、及び外交手段に依りて満足なる解決を得る能わざる紛争なることとなしたのは、仲裁裁判に附すべき紛争の範囲を限定したもので、紛争それ自身の性質を説示したものではない。これをその性質上より概言すれば、仲裁裁判に附すべきものは法律的紛争で、聯盟理事会に持ち出すべきものは政治的紛争と自然になるであろうが、何を以て法律的紛争とし政治的紛争とするかの分界に至りては、これを判定するに困難の場合もあること前に論じた如くである。聯盟規約第十三条第二項に「条約ノ解釈、国際法上ノ問題、国際義務ノ違反トナルヘキ事実ノ存否並該違反ニ対スル賠償ノ範囲及性質ニ関スル紛争ハ一般ニ仲裁裁判又ハ司法的解決ニ附シ得ル事項ニ属スルモノナルコトヲ声明ス」と規定したのは（「一般に」

即ち généralement, generally なる語は概しての意か普くの意か明瞭を欠くが、もし後者の意とせば、特にこの語を挿入した理由もなく、一の贅句に過ぎぬ訳であるから、前者即ち概してもしくは多くはの義と推測せられる。現に一九二〇年の第一回聯盟総会において、スウェーデン国委員が仲裁裁判を一層義務的になさんとの理由よりして、この一句の削除を主張したる事実に徴するも爾《しか》く推測して然るべきである）、要するにこの四事項を以て専ら法律的問題なりと推定したる結果であろう。けれども「一般に」の字句より推し、敢えて右以外のものを排除した訳ではなく、当事国間に合意さえあらば、如何なる性質の事件でもこれを附託するを得るのである。

　けれども条約の解釈の如き、通商条約その他尋常一様の条約における些小の字句の解釈ならばとにかく、例えば同盟条約の如きにありて同盟に依り擁護すべき権利利益、同盟の行動を適用すべき地域等に係る重要字句に就いて解釈上の紛争起ったとしたならば、必ずや重大なる政治問題を伴うべく、これを単に法律問題として取り扱うことの能《で》きぬ場合もある。第二の国際法上の問題も、成文の国際法規の字句に関するものは法律問題と云えるであろうが、国際法の範囲に落つる問題は総て法律問題なりとは云えない。国際法の取って論題とする例えば国家の独立権、自衛権、干渉権、交戦権、使臣の不可侵権等に関する問題は、ほとんど挙げて政治問題となるべきものである。

況して第三の「国際義務ノ違反ト為ルヘキ事実ノ存否」、第四の「右ノ違反ニ対スル賠償ノ範囲及性質ニ関スル紛争」に至りては、専ら事実に関するもので、その性質において法律問題というよりは政治問題というべきものが多い。故に本条において範例的に挙げたるこれ等の事項より推し、仲裁裁判又は司法的解決に附し得る事項は専ら法律的紛争なりとは断言し難いのである。けれども、以上は法律問題と政治問題とを截然別つの時として困難あることを例示するために述べたもので、大体の原則として、これ等四事項に関する紛争は特に仲裁裁判又は司法的解決に附託するに適すというには毫も妨げない。

附託すべき裁判所

紛争事件を附託すべき仲裁裁判所は、第十三条第三項に「常設国際司法裁判所又ハ当事国ノ合意ヲ以テ定メ若《もしく》ハ当事国間ニ現存スル条約ノ規定ノ定ムル裁判所タルヘシ」とあるが如く、その選択は当事国の自由である。故に当事国間に仲裁裁判条約ありて仲裁裁判所の指定のことが規定してあらば、それに拠るも可なるべく、将た別に合意を以て仲裁裁判所を定むるも妨げない。而していよいよ裁判所を定めて当該紛争を仲裁裁判又は司法的解決に附する以上は、紛争の一部分だけをこれに附するは許されず、是非共その全部を挙げて附するを要すること前掲条文の示す所である。

判決の履行

判決は誠実にこれを履行すべきこと勿論である。これを履行せざる場合には、聯盟理事会はその履行を期するため執るべき必要の措置を提議する。提議する（shall propose）だけで、判決に伴う強制執行がある訳でないから、判決の効力も薄弱と云えば薄弱であるが、少なくも徳義的には判決の効力を確保したものとは云える。紛争当事国の一方が判決に服したる以上は、その服したる国に対し他の一方は戦争に訴えてはならぬ。逆に云えば、判決に服せざる国に対しては、これに服したる国が開戦を以てこれに酬い得ることは認められてあるのである。

聯盟理事会の審査

紛争当事国は、その紛争を仲裁裁判又は司法的解決に附せざる場合には、前述の如く必然これを聯盟理事会の審査に俟つべき義務がある。聯盟理事会の審査の要求は、何れの紛争国も紛争の存在を事務総長に通告してこれをなすに妨げない。その通告を受けたる事務総長は、充分なる取調べ及び審理に必要なる一切の準備をする。而して紛争当事国はこの目的のために、成るべく速やかに当該事件に関する陳述書を一切の関係事実及び書類と共に事務総長に提出する。理事会は直ちにその公表を命ずることを得《う》とあるから、問題の性質によってはその公表を命ぜざるのもあると見るべきである。それから理事会は紛争の解決に努力し、而して奏功したるときは、当該紛争に関する事実及び説明、並びにその解決条件を記載せる調査を公表するし、紛争が解決に至らざるときは、理事会は全会一致又は過半数の表決に基き当該紛争の事実を述べ、公正且つ適当と認むる勧告を載せたる報告書を作成してこれを公表する。勧告はrecommendationで、即ち判決とか決定とかいうに比するとやや柔かい。理事会の報告が紛争当事国の代表者を除きたる他の理事会員全部の同意を得たるものなるときは、紛争当事国の一方は該報告書の勧告に応ずる他の一方に開戦してはならない。聯盟理事会の報告は右の如く、紛争当事国の代表者を除きたる他の理事会員全部の同意を得たるものにありて始めて開戦の防遏に向って権威あり効力あるものであるが、もしその全部の同意ある報告書を得るに至らざるときは、「聯盟国ハ正義公道ヲ維持スル為必要ト認ムル処置ヲ執ルノ権利ヲ留保」する。正義公道は如何なる標準で割り出すや不明なるも、紛争当事国が最早やその法律的拘束の下にあらざるは言うまでもない。

国際紛争の審査は聯盟理事会に限らず、聯盟総会がこれに当ることもあり得る。即ち第十五条第九項の「聯盟理事会ハ本条ニ依ル一切ノ場合ニ於テ紛争ヲ聯盟総会ニ移スコトヲ得紛争当事国一方ノ請求アリタルトキハ亦《また》之ヲ聯盟総会ニ移スベシ但シ右請求ハ紛争ヲ聯盟理事会ニ附託シタル後十四日以内ニ之ヲ為スコトヲ要ス」との規定に依りてなし得るのである。この条文が示す如く、聯盟総会がこれに当るのは（一）理事会において当該紛争を総会に移すを可と認めたるとき、（二）紛争当事国の一方の請求ありたるときである。この（二）の場合において、その請求期間を無限にして置いては種々の弊害が伴うから、これに特定の期限を附したのは至当であろう。聯盟総会に置《ママ》ける審理手続は、第十五条第十項に「本条及第十二条ノ規定ハ聯盟総会ニ移シタル事件ニ関シ総テ之ヲ聯盟総会ノ行動及権能ニ適用ス」とあるが如く、原則として第十二条及び第十五条の規定を適用する。但し「紛争当事国ノ代表者ヲ除キ聯盟理事会ニ代表セラルル聯盟各国代表者及爾余過半数聯盟国ノ代表者ノ同意ヲ得タル聯盟総会ノ報告書ハ紛争当事国ノ代表者ヲ除キ他ノ聯盟理事会員全部ノ同意ヲ得タル聯盟理事会ノ報吉書ト同一ノ効力ヲ有スヘキモノトス」との特則がありて、即ち聯盟総会の代表者に就いては過半数制を採りたるの点に差異がある。

以上述べたる聯盟理事会又は聯盟総会の審査、並びに仲裁裁判及び司法的解決は、専ら国際聯盟加入国間に行わるる規定であるけれども、聯盟国との間又は非聯盟国相互の間に生じたる紛争に関しても、聯盟理事会はその正当と認むる条件を以て、紛争解決のため聯盟国の負うべき義務の受諾を非聯盟国に勧誘すべきことは、聯盟規約第十七条の規定する所である。その条文には多少注意を要する点もあるが、余りに煩であるから今は触れぬことにする。

相互保険条約の提唱

第七項　平和議定書及びロカルノ協定の不戦条項

前項所述の国際聯盟規約の上における不戦規定は、一九二四年（大正十三年）の第五回聯盟総会において成立したる国際紛争の平和的処理に関する新条約、一名平和議定書と称せらるるものに依り、更に極めて意義あるものとなった。

これより先き一九二二年の第三回国際聯盟総会においては、軍備縮小を実現せしむる一方法として、相互保険条約の必要論が力説せられた。相互保険条約とは、一国の軍備縮小に乗じ他の一国これに攻撃を加うるあらば、爾余の列国はことごとく来たりてその被攻撃国を援助するを保障するという条約である。その提唱者ロバート・セシルは、この条約さえ出来れば何れの国も安心して軍備縮小を断行するを得べしとて、熱心にこれを主張した。けれども仏国代表者ヴィヴィアニは、隣国の突如たる攻撃に由り数時間を出でざるに、その被攻撃方面のたちまち悲惨の境遇に陥るべき地理的状勢の下にある国においては、いつ列国の援助の現実に到来するや測り知れざる相互保障などを当てにして軍備縮小を決行するが如きは大早計である、と論じてこれに反対し、他の諸国中にもこれに共鳴する者があった。されば、これ等の反対的意向の既に知れ渡れる第五回聯盟総会においては、英国首相マクドナルドは、相互援助条約の代りに仲裁裁判制度を完成し、法律的問題に限らず政治問題をもその附議事項に包含せしめて応訴義務の範囲を拡大し、且つ又世界各国を網羅する軍備縮小会議を欧洲に開催すべしとの議を提出した。仏国首エリオも、相互援助条約案を支持しつつ右の提議に賛意を表した。

「国内問題」の一波瀾

かくして同総会においては、右の提議を以て仲裁裁判、相互保障、及び軍備縮小の三者に相関聯するものと認め、その審査を法律関係の第一委員会、及び軍備関係の第三委員会に附託し、更に混成起草委員会において議定書の原案成るに及び、謂わゆる「国内問題」にて会議に一波瀾を惹起した。このことは、後章の不戦条約案にも掲記せられある国内管轄問題なるものを是非する上に重要の一参考資料たるものであるから、その始末の梗概を摘記して置きたい。

初め平和議定書の原案が前述の両委員会の審査に附託せらるるや、第一委員会の分科会においては、法律問題は勿論のこと、その以外の紛争にても、総てこれを平和的手段にて解決すべく、戦争は侵略国に制裁を加うる以外に一切これをなさざることにし、又聯盟理事会の和解方法その功を奏せず、且つ理事会において全会一致の報告を得るに至らざる場合に戦争に訴うることを認許して居る所の現行聯盟規約を改め、全会一致の報告を得ざる場合においても、紛争は更にこれを仲裁委員又は和解委員に附託してその解決を計るべしとの決議を得た。

第一第三の両委員会の混成起草委員会においては、右の議決に基いて統一的の議定書案を作成し、更にこれを各分科会の審議に移すこととなったが、その際第一委員会においては、右議定書第五条の「紛争が仲裁委員に附託せられたる場合において、当事国の一方より紛争又はその一部が国際法上専ら該国の国内管轄に属する事項より生じたるものなることを主張するときは、仲裁委員は単に右紛争が国内問題に関することを宣言するに止むべし」の「国内問題」と、第六条の「右決定を無視したる国はこれを侵略者と看做すべし」の「侵略者」の見解に関し、当然我が委員より、強き反対を主張せざるを得ざる場合となった。

即ち右の原案に依れば、紛争が国内問題に起因すと判定せられたる上は、国際聯盟はこれに対し何等救済の手段を講ぜざるのみならず、当事国にしてこの判定に服せざるときは、直ちにその国を侵略者と認めてこれに制裁を加うることになる。具体的に一例を仮作して云えば、日米両国間に移民問題に就いて紛争起り、それが仲裁委員に附託になったとする、而して米国がこれを国内問題で御座ると主張すれば、仲裁委員はその通り宣言するに止める、而して日本がこれに不服でその決定に応ぜず、ために日米開戦ということになると、世界列国は挙って我が日本を侵略者と貶し、共同して我国を征伐する、というゝ結果になるのである。甚だ以て迷惑千万であるのみならず、天下これより甚だしき非理不当のことは無い。

されば我が委員はこの原案に対し、国内問題とても国際紛争となることは既往その例に乏しからざるに、それに対しては何等解決の道を示さず、単に国内問題なりと判定せられたのみでこれに対し不服を云えば直ちに侵略者と看做され、共同的の制裁を加えられるというが如きは不条理なりと論じ、修正説を持ち出して大いに論難を試みた。その結果、国内問題にても規約第十一条に依りこれを理事会及び総会に提出するを得ること、又国内問題なりとの判定に応ぜざる国は、単に規約第十一条に従い理事会及び総会に予め該問題を提出せざりし場合に限り、これを侵略者と看做すということに決し、問題は落着したのである。

平和議定書の可決

当年の囂《かまびす》しかりし「国内問題」も、右の如く我国代表者の所説通りに解決したので、議定書案は総会において出席国四十七ヶ国の全会一致にして可決せられた。この議定書は仲裁裁判に重きを置き、その実行し得べき安全保障の道を講じて国際紛争平和的処理に関する現行条項の不備を補い、同時に軍備縮小に関する条項を拡充してその実現を容易ならしめんとしたもので、その効力を発生せしむるには（一）国際聯盟常任理事国の過半数及び他の十箇の聯盟国が一九二五年五月一日までにこれを批准すること、（二）議定書に規定せるが如き軍備縮小会議が成功し、軍備縮小計画が採択実行せらるること、の二条件を具備するを要することを規定し、即ち本議定書の効力は該会議の決定する軍備縮小計画が採択且つ実行せられてここに始めて発生するとしたるにおいて、軍備の縮小と国際紛争の平和的処理とを不可分的の関係の下に置いたというのがその特色である。

この平和議定書は、凡ゆる侵略的戦争をば国際罪悪となし、これに対する予防と制裁の道を講じ、如何なる場合においても主義として戦争に訴えざることを約したもので、即ち一切の紛争に対し平和的解決の方法を設け、その法律的問題たると政治的問題たるとを問わず、一切仲裁手続より免るる能わざるものとした。随って（一）凡そ適法の戦争は、単に侵略的行為に対抗する場合と、聯盟規約及び議定書の定規に従い、聯盟総会又は理事会の同意を得て侵略国に対し武力干渉を加うる場合に限られ、それ以外の戦争はことごとく不法のものとなすものである。次に（二）従来の聯盟規約中の国際紛争平和的処理方法中の欠陥を補足し、法律的紛争に就いては国際司法裁判所の裁判に服するを義務的とすることを主義として承認し、又政治的紛争に就いても、一切義務的にこれを仲裁制に依らしめ、聯盟規約第十五条を改正し、理事会に附託せられたる紛争が解決を見ざる場合には、当事国の一方の請求に由りこれを仲裁裁判又

廃案となる

は司法的解決に附することとし、又何れの当事国も仲裁を依頼せざりしときは、理事会は特定条件の下にこれを強制し得ることとした。(三)それから、本議定書において侵略国の何物なるかを定義し、即ち上記の仲裁裁判に反したる者、又は国内問題に関し紛争起り、これを聯盟規約第十一条の手続に依り聯盟に持ち出さざりし者、以上を侵略国とし、これに対し平和を乱す犯罪者として規約第十六条の定めたる所に依り経済上又は軍事上の制裁を加うることにした。(四)その制裁としては、本議定書はこれに関する締約国の義務を規定し、聯盟規約に基く経済上の制裁、兵力に依る制裁の適用及び実行方法を明らかにし、兵力に依る制裁の実行方法としては、理事会は参加し得る各国の陸海及び空軍の兵力を定めたる諸国の誓約を受くるの権利を有し、且つ協定の定むる所に依り右兵力を出動し得ることを定めたものである。

第五回聯盟総会において可決せられたる右の平和議定書は、その後英国において労働党内閣が倒れ、統一党政府となるに及び、その運命は一変した。同国外相チェムバーレンは一九二五年(大正十四年)三月、第三十三回聯盟理事会において、「英国政府は該議定書の崇高なる精神に同情を表するは勿論なるも、その規定中には曖昧の点多く、これを実際に適用する場合に却って難問題を生ずべく、殊に聯盟規約との関係においても不完全の点ありて、ために規約の効力を減ずるの虞《おそれ》もあるから、該議定書に依り世界平和の将来を期待し難いと信ずる」と云い、その見解を敷衍したる後、「本問題に就いては、聯盟国たる英国海外領土及びインドと親しく意見を交換するの日子を有せず、さりとて電信往復にてこれをそのまま承認するは不可能である」と結びたる長文の声明書を朗読して議定書問題解決の延期を要求し、事実において議定書反対の意思を宣明した。海外領土と意見を交換するの日子なしとの点に就いては、彼は翌日の秘密会議において事情を打ち明け、「本国政府は議定書に就いては既に充分の研究を尽して居る、但だ何分にも海外自治領土の反対が強いので、政府はすこぶる難局に立って居る、随ってこの難局を切り抜くるために相当の余裕を必要と感ずる次第である」と語った如く、畢竟は豪洲、カナダ等の反対を婉曲に取り次いだものである。而してその反対理由は種々ありしも、特に有力なる理由は、本議定書が成立するに於ては、制裁実行の重荷は主として英国海軍の負担に帰すべく、殊に封鎖の励行は英国の利害に反する結果となるを免れず、との要は海軍の負担の偏重を慮ったのと、又一は、我国の修正要求に基く国内問題の聯盟附議に関する本議定書の条項が、謂わゆる白濠主義と相容れずとなすの点にありて、カナダもこれに共鳴したという結果に外ならなかった。この外に英本国においてなお別に二三の反対理由もあり、又他の大国中にも、本議定書に依りて利益を受くるのは専ら小国で、実行保障の任に当る大国は引き合わず、というような論も弗々《ふつふつ》出た。それやこれやで、一旦成立したる本議定書も、次回の聯盟総会において無残の止めを刺された。

代ってロカルノ協定

他の一方において、ドイツはその前年即ち一九二三年の五月、旧聯合諸国政府に対しライン地方に係る保障条約締結のことを提議したるも、当時ルーア地方占領に伴う賠償問題などすこぶる紛糾せる際であったので、何等商量を加えらるるに至らなかった。然るに翌年八月、ロンドン協定の成立と共に賠償問題は一段落を告げたので、一九二五年二月、ドイツは更に仏国に対し一の保障条約締結方を提議した。この提議に基き、仏国は一方には英伊白三国政府と、又他方にはドイツとの間に、数月に亘る交渉を行い、新協定の大綱に関する諸国間の意見一致を見たので、同年九月よりロンドンにおいて英仏白独の法律家会議を開いて条約原案を討議し、その結果として十月五日よりスイスのロカルノにおいて関係諸国代表者の正式会議は開かれ、議纏まりて同月十六日に最終議定書の署名を行い、同時にその附属書たる五種の条約とドイツ代表宛の書束に仮署名を了した。これが謂わゆるロカルノ協定即ち Les Accords（又は Les Actes）de Locarno, The Locarno Pact で、要はさきに廃案となれる平和議定書の主義精神を特定の地方に限局して発揮せしめんとの趣意の下に出来たものである。

その内容

ロカルノ協定は前述の如く、左記五種の条約及び一種の書束で組み立てられてある。

（一）英仏白伊独の五国間に成れるライン保障条約
（二）独白両国間の仲裁裁判条約
（三）独仏両国間の仲裁裁判条約
（四）ドイツとポーランド間の保障条約
（五）ドイツとチェッコ・スロヴァキア間の保障条約
（六）ドイツ代表者の国際聯盟規約第十六条に関する説明要求照会に対し英仏白伊四国代表者の回答

以上は最終議定書の附属書となってあるものなるが、この外なお同会議において成立しロカルノ協究と同時に正式に署名せられたる仏国とポーランド間、及び仏国とチエッコ間の二協定がある。この二協定は、いずれも前記五条約のもたらす所の利益を更に仏国とポーランド及びチェッコの間に交々保障せんとする補足的性質の協定に外ならない。随って右は、最終議定書の附属書とはなって居らぬけれども、広くロカルノ協定という場合には、この二協定をも含めて見るも妨げない訳である。

これ等各種の国際約定は、いずれも欧洲の平和を維持する上において大切なものであるが、取別け最重要の文書は謂わゆるライン保障条約で、その要点は

一。締約国はヴェルサイユ条約の独仏間及び独白間の国境の不可侵、並びに該国境

に基く領土上の現状維持を各別及び共同に（Individuellement et collectivement）保障すること。

二。正当防衛の場合又は聯盟規約に基き行動する場合の外、独仏両国及び独白両国は互いに戦争に訴えざること。

三。独仏間及び独白間の一切の紛争はこれを平和的処理方法に依りて解決すること。

四。独仏間又は独白間において一方が他方より攻撃を受けたるときは、他の締約国（英伊両国は常にその中に含まる）は被攻撃国に対し援助を与うること。

本条約の核心

というにある。即ち簡単に云えば、（一）独仏間及び独白間の国境の不可侵、右国境の領土の現状維持、及び侵略的戦争の禁止、（二）これ等諸国間の紛争の平和的処理方法、（三）右諸事項に対する保障方法、以上を協定したものである。独仏及び独白間の仲裁裁判条約は、右の（二）の細目を定めたもので、独波《ポーランド》及び独チ間の仲裁裁判条約も、その内容は大体これと同じである。これ等諸約定はいずれも相関聯し、相互相俟ってここに始めて所期の目的が達せられるという建前になってある。

上叙の国境不可侵、領土現状維持等の規定の遵守を約したる論理的結果として、ライン保障条約の第二条には、独仏両国及び独白両国は前述の如く「何れの一方よりも攻撃又は侵入をなさず、且つ如何なる場合においても戦争に訴えざることを互いに約す」との規定が設けられた。これが同保障条約の核心を作すもので、余の規定はこの保障を完うする所以の方法を示したものに過ぎない。尤も右の不戦規定には若干の除外例がある。即ち（一）正当防衛の権利を行使する場合、（二）国際聯盟規約第十六条の適用に依り行動する場合、（三）国際聯盟の総会もしくは理事会の決議に依り、又は聯盟規約第十五条第七項の適用に依り行動する場合、以上の三場合には右の規定を適用しない。但しこの（三）の除外例中の後段の場合には、該行動が最初に攻撃を開始したる国に対して行わるるときに限るとしてある。且つ又この（三）は、その結果において（一）と同一に帰するから、右の除外例は約して（一）と（二）と見るも可《よろし》い。ロカルノ協定は戦争を絶滅せしむるという力は勿論無い。戦争の絶滅などは今日の人力の到底企及し得ざる所である。けれども同協定のこれ等規定が開戦の機会を著しく減縮するものたるは疑うべくもない。殊に国際聯盟規約第十二条に依る開戦の機会の減縮に比すれば、その範囲は一層拡大せられたもので、それだけ平和の維持に貢献するの大なること論を俟たない。

次にライン保障第三条に依れば、独仏及び独白両国は「本条約第二条においてその相互になしたる約定に鑑み、右諸国間の意見一致せざるべき一切の問題にして通常の外交手段に依り解決すること能わざるものは、その性質の如何を問わず、平和的方法に依り且つ左の如くこれを処理すべきことを約す」とありて、その処理方法としては、凡そ権利関係の問題はこれを仲裁裁判に、その他の一切の問題は調停委員会に附託することとし、両当事国が右委員会の提議する調停に同意せざるときは、該問題をば聯盟理事会に附託し、理事会は聯盟規約第十五条に依り処理することとした。故にこの平和的処理が包掩する所の紛争は、聯盟規約第十二条の「国交断絶ニ至ル虞《おそれ》アル紛争」よりは範囲遥かに広く、即ちいやしくも通常の外交手段に依りて解決すること能わざるものは、ことごとくその範囲内に落つるのである。これ等一切の国際紛争に対する平和的処理の態様（modalités）は、同日署名せらるる特別条約を以てこれを定むとし、これを当該仲裁裁判条約に譲ってある。

この外、同条約の第四条には、ライン沿岸のドイツの武装禁止に関する規定の違反の行わる場合に就いての規定あるが、余りにくだくだしいから略するとし、要するに本協定においては、一切の戦争をば正当防衛に基くものと否《しか》らざるものとに分ち、前者は是認するも後者は絶対に非認するの主義を根本の基調に立てたことは、従来の各種の不戦条約に一歩を進めたものとして特筆するに値するものである。

第八項　安全保障委員会の不戦研究

局地的協約の環圏

ロカルノ協定の成立が国際平和の確保に寄与することの大なりしは論を俟たぬが、しかも同協定は、元々ドイツを中心とせる欧洲七ケ国間限りの保障仲裁協約たるに止まり、随って言わば欧洲の局部的不安を除去するの効あるに過ぎない。つまり同協定は、多数列国を包羅する保障仲裁協約の困難が平和議定書の頓挫に由りて立証せられたがため、改めてこれを局地的に実行し、以て同議定書の精神を発揚せんとの趣旨に出でたものである。而してもしかかる局地的協約の環圏が仮に各方面に組立てられ——この傾向は近来バルチック沿岸、中央ヨーロッパ、及びバルカンの諸国間に著しく見える——それに依り連環的の一協約が漸次列国を包括的に掩うようになれば、平和議定書及びロカルノ協定の精神は共に達成せられ、依って以て大いに世界の平和に貢献するに至るべきは、理の睹《み》易き所である。安全保障問題は、この意味の下に攻究が進められつつあるものと解せられる。

安全保障の先決要求

とにかくロカルノ協定の成立、及びこれと共にドイツの聯盟加入は、欧大陸の不安を少なからざる程度に洗除し、随って過去十年の懸案たる軍備縮小も、いよいよこれを実現せしむべき機運となり、これがために一九二六年五月、軍備縮小会議準備委員会なるものも設置せられた。しかも列国の内面を窺えば、国防の須要は依然安全保障の要求を抛たしむるに至らない。されば国際聯盟においては、同準備委員会の事業の進捗を計るには、軍備縮小を実行したる国がその実行後、国の安全を脅かさるることないような保障問題を先ず研究し、これを確立せねばならぬという論であった。

国際聯盟の第三回総会において相互保障条約のことが力説せられた次第は前に述べた。実を云えば、相互保障の道が確立せられねば軍備縮小が能《で》きぬという論にも明らかに一理あるが、軍備縮小が実行せらるれば安全保障も自然実現せらるる訳で、随ってその先後順序は恰も鶏と卵といずれが先きかを争うに類する。されどとにかく聯盟は安全保障を先決的に取り扱うの方針に傾き、両三年に亙れる討議研究の末、昨年九月の第八回聯盟総会において（一）特殊的又は一般的の条約に依り仲裁裁判の漸進的普及を計ることを勧告し、（二）軍縮準備委員会をしてその専門的事業の完成を進め、軍備縮小会議の開催を促すべく理事会に要求し、（三）現に右準備委員会に席を有し及び招請を受くる諸国の代表者を以て一の委員会を設け、これをして安全及び仲裁裁判の保障を各国に与える方法を研究せしむること、という趣旨の決議を採択した。別言すれば、現在の軍備縮小準備委員会とは別に一の委員会を設け、これをして安全保障及び仲裁裁判に関する方法を研究せしむるというのである。

安全保障委員会の新設

かくして昨年十一月三十日ジュネーヴにて開催の軍備縮小準備委員会第四回会合において、「仲裁裁判及び安全保障委員会」なるものが組織せられ、翌十一月一日、二日の両日に亙りその第一回会合が開かれ、委員会の事業の方針その他関係問題に関する三小委員会の組織等のことを決定した。

英国政府の覚書

右の委員会にありてその事務に従事したる聯盟事務次長兼政治部長たる杉村陽太郎博士は、その閉会後欧洲諸国を歴訪し、本問題に関する各国政府の注意を喚起すると共に、委員会の事業方針に関し意見の開陳を慫慂した。その結果として、英、白、及びスウェーデンの三国はこれに関する覚書を提出した。中にありて英国政府の覚書は、内容格別斬新のものではなく、むしろ過去において同国政府が理事会や総会第三委員会等において反覆説明したる意見を要約したものに過ぎないが、同国の態度を知るには便であるから、その要旨を左に抄訳する。

（一）仲裁裁判

国際紛争はこれを裁判に附し得る事件と附し得ざる事件とに分つことを得る。仲裁裁判条約とは裁判に附し得る紛争事件を取り扱い、かかる紛争をば両当事国を拘束すべき決定を与うる権限ある裁判所に附託することを定むる国際約定なりと制限的に解すべきである。而して仲裁裁判条約には輿論の外に制裁はない。

仲裁裁判の目的は事件の満足なる解決を計るにあるから、判決を与うることが大切なのではなく、判決の履行が要点である。故に履行し得ざる仲裁条約は、却ってこの制度の将来に悪影響を及ぼす。然るに判決の実施を確保するための制裁を一般的に設けるのは時機尚早である。今日認められてある制裁制度は、紛争を仲裁に附せず、又は判決の履行を拒むものに対する当事国以外の国の協同的制裁であるが、大国は現在の所、そうした一般的の義務を受諾するものとは考えられない。又当該問題に密接の利害関係を有《も》たない国は、かかる負担を好まぬであろう。ロカルノ協定の如き、締約国間に密接の利害関係あるために広い範囲の義務を負わしむるものでさえ、制裁は他の四聯盟国が聯盟理事会のなしたる提議に従って行動するだけに限られている。

右の如く考えるときは、仲裁裁判条約の締結を促す要件は輿論にある。即ち自国に不利なる判決の与えられたる場合でも、誠実にその判決を支持するという輿論の程度にある。故に仲裁条約もこの程度に従って締結せらるべきで、それを逸脱する場合には、かかる条約の締結は却って国際紛争平和的処理の気運を沮むことになる。これ即ち仲裁に附すべき問題の範囲に就いて制限が行わるる所以である。このことは聯盟規約第十三条に認められてある。この制限は、これを必要とする事情を除去することに依り漸次に撤廃すべきで、それは国民相互の信頼、国際法の尊重の増進に俟たねばならない。

然らば無制限仲裁裁判条約の世界的受諾には如何なる途が択ばるべきかと云えば、それには二途がある。第一は、特定の条約の中にこの条約の解釈又は適用に関する紛争はこれを仲裁手続に附する旨の約款を挿入することである。米国が近年多数国との間に締結したる多辺的条約には、この種の条項を含めてある。今日はこの種の約束が更に一般的に国際条約の中に包含せられ得るや否やを研究すべき絶好の時機である。第二は、一般的に裁判に附し得る紛争を取り扱い、かかる紛争を仲裁に附すことを予め約束する協定の範囲を拡張することである。例えば一九〇三年英国は仏国との間に次のような条約を結んだ。

第一条　法律問題又は両締約国間に現存する条約の解釈に関し、両締約国間に起生し外交手段に依り処理すること能わざる紛争は、一八九九年七月二十九日の条約に依りハーグに設置せられたる常設仲裁裁判所に附議せらるべきものとす。但し右等の紛争にして両締約国の緊切なる利益、独立、もしくは名誉に関し、又は第三国の利益に関係ある場合はこの限りに在らず。

この条約は、その後各国間に結ばれたる同種の条約の模範となった。この種の条約には緊切なる利益云々の留保が附してあるが、これは三十年も昔の制度であるから、改訂の要があろう。それにしても、何等かの制限は依然必要であろう。又国内問題に関して国際間に紛争が起ることあるが、如何なる国といえどもかかる問題を国際裁判所に持ち出すことは不可能である。

国際司法裁判所規定第三十六条の応訴義務を受諾したる国が比較的に少い理由は、一切の訴訟事項を相手国との関係の如何を問わず仲裁に附せねばならなくなるからである。即ち或る国との間には、そうした義務を負うても可《よろし》いが、他の或る国との間には困ると云う場合があり得るからである。故に如何なる国も加盟し得る多辺的条約よりも、二国間の条約に依りて応訴義務を認めた方がこの制度の発達を期する訳になる。

次に、仲裁制度の発達及び国際法の進歩には、ハーグの常設国際司法裁判所を以て判決を求むべき裁判所と定むることが必要である。かくすることに由り、判決及び国際法規の統一を期し、裁判所の権威を高めることになる。

もしそれ裁判に附し得べからざる紛争は、これを調停に附するより他に途がない。聯盟規約においては、かかる種類の事件は理事会に附議することになってある。この点はロカルノ協定において少しく緩和され、裁判に附し得ざる問題は先ず調停委員会に附し、その勧告が受諾されなかった場合に理事会に附すると云うことになっている。

かつて一九二二年の総会で、国際紛争の解決策として調停制度の優れることを勧告する決議が出たが、英国政府は衷心よりこれに賛成した。そもそも裁判に附し得べき問題は国際法規に従い拘束力ある決定を与うる所の機関に附するを可とするが、裁判に附し得べからざる問題は、かかる法規の適用に依りて解決すること不可能である。故に調停に依りて解決しない事件はこれを国際司法裁判所に附すべしとする協定はむしろ排斥すべきである。ノルウェー国代表ナンセン博士は、裁判に附すべからざる紛争は、拘束力ある決定を与うる権限ある小機関に附すべきことを定むる協定案を去る九月の総会に提出したが、かかる協定に果して調印する国があるかは問題である。

(二)　安全保障

英国政府は平和議定書に関し一九二五年三月の理事会において、安全、殊に安全の意識を与うるには、特殊の必要に応ずる特殊の計画を樹てることに依り聯盟規約を補充することを以て最良策と考うる旨を声明した。この趣旨において英国政府はロカルノ協定に協力した。安全の保障を与うる問題においてこれほど有効なる条約は、その前後に見出せない。

ロカルノ協定は共同の利害関係を有する国家間の排他的同盟ではない。その団体内の平和を維持し、戦争の危険を防止するを目的とするものである。国際聯盟規約の精神と完全に一致し、その貴重なる援助者である。同協定は特殊地域における特殊危険を防止する約束で、随ってヨリ多くの国家がこの義務を負担することに依りて与えらるる保障よりは更に集約的である。

英国はこの協定の一員となり、侵略国の生じた場合には、全力を挙げてその制裁に協力することを誓った。英国政府はこれ以上利害関係の少い地方に向ってこの種の義務を負うことは能《で》きない。

第七回総会は、ロカルノ協定に含まれてあるような主義が能う限り速やかに各国政府において実施せられんことを望むとの決議を行ったけれども、今日までの所、ロカルノ協定に倣う協定が聯盟に登録されたことを聞かない。英国政府はこの制度の漸進的普及を切に期待する。けだしこれこそ一般に安全の意識をもたらす最も容易の方法と信ずるからである。

前記第七回総会の決議に基き、聯盟理事会は「信頼と安全を確保するに適当なりと思わるる協定を締結」せんとする国に対して斡旋の労を執っても可《よろし》いと声明したが、何れの国も未だこの申し出を利用したものがない。

聯盟規約第十条に就いては、これを文字通りに解すれば、世界の何処にでも侵略行為が行われた場合、他の総ての国は自動的にその兵力を理事会に提供せねばならぬように解釈されるが、これに就いては第四回聯盟総会における解釈決議の通りに解すべきである。即ち理事会において兵力使用の必要ありと認むる場合には、地理的関係及び特殊の事情を斟酌すべきこと、如何なる程度に兵力を以て義務を果すべきかは各国の最高機関がこれを決するというのである。英国政府はこの解釈に賛成し、第十条は単に一般原則を明らかにしたに止まり、その具体的実行は規約の他の条項に依るものとの意見である。

規約第十六条に就いては、第一に、今日種々の改正案が各国の批准に附せられてある。英国はそのいずれにも批准を了したが、未だいずれも実施されてない。第二に、一九二一年の第二回総会において本条に関する理事会の行動の準則が採用されたが、英国政府は大体においてこれに賛成した。

右二つの態度は今日も不変である。なお規約第十六条に関する英国政府の見解は、ロカルノ協定調印の際に白《ベルギー》仏両国代表と共にドイツ代表に送りし共同通牒に明示してある通りである。

概括的に云えば、英国政府は聯盟規約の解釈に窮屈な規則を適用することに反対である。余りに面倒な規則を説くることは結局理事会を機械化し、自主的活動の力を弱むる許《ばか》りである。侵略国を定義することに就いても同じ考えである。本問題に対する英国政府の立場は、昨年十一月二十四日チェムバーレン外相が下院においてなした演説中に極めて明白に宣明されてある。曰く「侵略国を定義する結果は、測らざる事情のため被侵略国を侵略国と認むるの結果に陥らぬとも限らない。去九月の総会において伊国のシアロア氏は、侵略国は発見し得るものでないと云ったが、その通りである。予は侵略国を定義せんとの試みには不賛成である。けだしかくすることは無実のものに対する罠を作ることになるからである」と。

英国政府は被侵略国に対する財政的援助の計画には賛成である。勿論これには二つの条件が必要で、即ち一は、この計画が軍備縮小の一部を成すこと、他の一は他の大国が充分の資金を提供することである。

軍縮準備委員会における討議未了

これ等覚書の提出ありたるに由り、同委員会は本年一二月の交二回の会合を催し、右覚書を中心として討議を行い、その結果仲裁裁判及び安全保障条約に関する形式に就いての協定に一致点を見出し、次いで三月十五日より開会の軍備縮小準備委員会において、前記二回の委員会のなしたる事業に関し審議を行うはずであったが、たまたま露国より軍備全廃の提案が出て、同準備委員会にてはこの露国案に対する論議弁難に忙わしく、ために右の審議には格別触るる所なくして散会したので、この問題は今日の所未だ具体的成案を見るに至らぬことと承知する。

第四章　最近の不戦条約問題の事歴

不戦条約論の具体化

前章叙述せる如く、広義の不戦条約は古来既に類例のある所なるが、その条約の適用上にいずれも例外が多いので、これに不戦の文字を冠するは当らずと云えば云える。そこで真個のもしくはほぼそれに近き不戦条約の締結を促し、真個に紛争を平和的に解決すべしとの運動は、最近の両三年来欧洲の各方面に現われた。而してその運動は、既に北欧洲の一角に具体化せられ、現に昨一九二七年三月、ベルギーとデンマークの間に、ほぼ理想に近き不戦の一条約が成立した。その主眼は、凡そ尋常の外交手段にて解決する能わざる両国間の紛争は、その種類の何たるを問わずこれを常設調停委員会と称する一の常設国際機関か又は常設国際司法裁判所に附議して平和的にこれを解決すべしというにある。右条約の成立に前後し、ベルギーとスウェーデン、及びデンマークとチェッコ・スロヴァキアの間にも、概略右と同様の趣旨に係る調停及び仲裁裁判条約が調印せられた。

ブリアンの対米提議

しかも転じて米国を見れば、不戦条約の提唱者及び賛和者は累年その数を加え、殊に最近に至りては、上院の外交委員長ボラー、コロムビア大学総長バトラー等を始め、有力なる人々の間にこの論は頓に力説せらるるに至った。別して昨年四月六日、仏国外相ブリアンが米国の大戦参加十周年記念日に際し、米国聯合通信社を通じて米国民に対し一のメッセージを送り、不戦条約の締結を慫慂して以来、この問題は内外識者の焦点となり、各国の新聞雑誌の上における一の公開問題となるに至った。

その要旨

ブリアンのメッセージの要旨は、「仏米両国が平和問題に関して歩み来たれる道は異なるとするも、目的は一である。軍備制限は国家間における平和に対する意思に依りてのみ達成せるべきもので、これに関する仏米の意見は互いに同情的であり、且つ全然一致して居る。もし平和に対する熱望の証拠として、且つ他国民に対し範を示さんがため、二大共和国間においてその必要ありとせば、仏国は戦争を相互に違法となす所の協定を米国と取り結ぶに躊躇しない。戦争廃止の思想は国際聯盟加入国及びロカルノ協定調印国の間には普遍的なるも、これと同様の精神に由る協定を米国が他国、例えば仏国、と締結するにおいては、国際平和政策樹立の基礎を拡張する上に貢献する所すこぶる大であろう」というにありて、仏国側においては米国との間に不戦協定を締結することを審議するの用意ありとの旨を添記し、暗にこれを慫慂する所あった。ブリアンの右のメッセージは、実に今日の不戦条約論を燎原の勢に導いた初点火である。

米国における好反響

ブリアンのこの提議は、仏国の内閣の慣例から推測し、無論閣僚の同意を得た上のこととなるべく、即ち仏国の政府を代表したるものとして受け取られ、随って米国側においては、これに多大の重要性を認めた。且つブリアンがこれを普通の外交径路に由り米国の政府に向って提議することをなさず、聯合通信を経て直接且つ広くこれを米国の国民の前に披瀝したことは、その意けだし先ずこれを米国民の道義的勢力に訴え、その圧力を藉りてその政府を動かさんとするにありしならん、との感想は米国民の間に高まり、それだけ一層の注意を喚起した。さればブリアンの提議に対しては、米国内における平和主義者はもとより率先賛成を表した。尤もブリアンとて、初めより米国側の反響を考慮する所なくしてかかる提案を試みるような軽卒の人でもあるまいから、これを提議するには、米国側の共鳴を得べきことを予め試探した上のことであろうから、米国側に好反響の起ったのも、当然の結果と云えば云える。

とにかくブリアンの提議は、米国においては甚大の共鳴を以て迎えられた。すなわち前掲のバトラー博士は、四月二十三日のニューヨークタイムスに長文の賛成論文を寄せ、これを「劃時代的提議」と激賞し、その実現可能性を力説して大いに米国民の奮起を促した。次いでは「国際聯盟非党派的協会」（League of Nations Non-Partisan Association）は、五月二日ニューヨークにおけるその年次総会において、「米仏両国間の一切の紛争を平和的処理方法に依りて解決せんとするブリアン氏の提議は、ロカルノにおいて着手せられたる事業の実行を促進せしめ、且つ国際聯盟の目的を遂行する上に援助を与うるものなるに鑑み、本協会は該提議を受諾せしむるため必要なる手段を取るべく大統領、国務長官、及び上院外交委員長に勧告せんことを決議す」となし、次いで「カーネギー国際平和財団執行委員会」もこれとほぼ同様のことを決議し、特にその中において、「不戦協定は米仏両国間の歴史的親善関係を具体的に声明するものなると同時に、国際協力及び戦争廃止に関する努力の象徴たるべきである」と高調した。外に、国際政治眼を有する朝野の名士を後援として予て米国の国際裁判所加入問題に活動し居れるThe American Foundationも、一種の不戦協定案を起草し、五月二十九日を以てこれを諸新聞紙上に発表し、又故ウィルソン大統領の女婿でハヴァード大学の法学部教授たるセーア博士(Dr. B. Sayre)も、六月二日に「婦人国際協会」(Women's International League)において、右と大同小異の不戦条約私案を発表した。

これに前後し、米国上院にありても、外交委員会の一員カッパー(Auther Capper)は、ブリアンの提議に対する応答として、「(一)国家政策の具としての戦争を非認し、国際紛争は居中調停、仲裁裁判、及び和解に依りて解決するの条約を仏国その他の同志諸国との間に締結すること、(二)国際紛争を和解、仲裁裁判、又は司法的解決に附することを約し、しかもその手続を履まずして開戦する国をば侵略国と定義することを正式に宣明すること、(三)締約国はその国民が侵略国に援助及び便宜を供与するに対し保護を与えざることを仏国その他同志の諸国との条約において声明すること、以上の三点を米国の政策として宣言し、この趣旨に係る条約締結の開談を他国となすべく本院は大統領に要望す」といえる決議案を提出した。この決議案は上院の外交委員会の審査に附託せられたが、その成行は詳らかでない。

諸新聞紙の論調

米国内の諸新聞紙の論調も、概言するにブリアンの提議に主義上賛意を表するを吝《おし》まず、殊にニューヨークタイムスが上院外交委員その他の本問題に対する意見を徴し、その回答を六月十九日の紙上において発表したる所に依れば、大部分は賛成意見で、少なくも主義において反対した者とてはほとんど見当らなかった。稀には、米国の議会は憲法上宣戦の権を有するものなるが故に、不戦条約は事実上議会の権能を奪うの嫌あり、というような論も見えたが、上院外交委員長ボラーの如きは、不戦条約は毫も議会の宣戦権を奪うものでなく、単に議会をしてその権能を行使するの必要なからしむる状態をもたらすに過ぎずと論して率先憲法違反説を駁し、これに共鳴する同様の論旨も弗々《ふつふつ》新聞紙上に現われたので、違憲論はいつとはなしにその声を潜むるに至った。

米国の政府筋の意向

この間にありて、米国の政府筋の意向として伝えられたる二三の報道中には、米国は仏国との平和保障としては一九〇八年の仲裁裁判条約及び一九一四年のブライアン条約を以て充分なりとし、この上進んで戦争を違法と宣する条約を締結するの必要を認めざるのみならず、ブリアンの提案は、或いは仏国が戦時債務に関する協定に未だ批准を与えず、且つ仏国がジュネーヴ軍備縮小会議の参加を拒絶したる結果として招きたる面白からざる対外関係をば塗抹せんとする手段に非ざるか、と揣摩せるものもあった。甚だしきは、五月三十日のワシントンポスト紙は、「本提議はブリアンの予期せる如く、米国を国際聯盟及び国際裁判所に引き入れんとしつつある米国内一部の人々に依り共鳴せられつつあるが、仏国は戦時債務の取立てに干戈を用ゆる能わざらしめんがため、米国との間に戦争非認の協定を取り結むを得策となすものである。本提議は、世人をして仏国の軍縮会議参加拒絶の問題より注意を他に転ぜしめんとすることにおいて、充分その目的を達しつつある」と云い、更に六月六日の同紙上においで重ねて「華府《ワシントン》当局者は本提議を冷淡に取り扱って居る。大統領は、米国が該提議に直接間接捲き込まるることを好まない。ケロッグ氏は当面の実際的外交問題に忙殺せられ、未だ本案を研究するの遑《いとま》がない。氏が本問題に冷淡なのは、大統領自身がこれに同情を有《も》たぬからである。米国外交当局者は、何等ためにせんとする高遠の理想主義に購着せらるるを好まない。現下の米仏関係における重要の問題は、仏国のジュネーヴ軍縮会議の参加拒絶及び戦時債務の不払いの件で、ブリアン氏にしてもし本提議に成功するにおいては、右両問題に関する世上の注意を他に転ぜしむることに成功するものである」と皮肉り、一転して「大統領は戦争廃止というが如き学究的の問題を考慮するよりも、むしろ戦債問題の解決という実際問題を取り扱うことを欲するであろう。ブリアン氏の提議に共鳴し居る我国の国際主義者は、概して米仏間の戦債の帳消し論者である。米仏不戦協定は、国際聯盟及び国際裁判所加入をその根本の基調とするものであるから、つまり米国を欧洲の政治的渦中に投ぜしむるものに外ならぬ」とまで貶した。

かくの如く米国の政府筋の意見としてその消息を報道せる新聞紙中には、仏国の態度を疑うものと思わるる記事もあったが、政府の真意は、初めより余り深入りせず、徐ろに輿論の趨勢を観、その帰着を俟つというにあったと見るのが当れりであろう。されば、その後ブリアンが在パリ米国大使を通じて正式に本件交渉方を米国政府に申し入るるや、国務省は同大使をして、米国政府はブリアン氏の四月六日の提議の趣旨に依り、仏国政府との間に外交的商議に入るの用意ある旨をブリアン氏に披陳せしめたる趣、六月十一日に公表する所あった。

ショットウェル案出づ

ブリアンの提議に対し米国の輿論がかく次第に熟し来たれる間において、不戦条約に関する種々の意見や私案は各方面に現われたが、中にありて特に注意を惹いたのは、コロムビア大学総長バトラー博士が五月三十日を以て発表したる同大学教授ショットウェル（James T. Shotwell）及びチェムバーレン（John F. Chamberlain）起草の「北米合衆国及び×国間の恒久平和条約案」である。この草案は右両教授の合作に係るものであるが、一はショットウェル教授が主として筆を執ったものか、又一は呼びよいせいでもあろう、普通には単にショットウェル案と称せられてある。彼等がこれを起草するに就いては、米国と他国との間に現存する仲裁裁判条約、一九一四年のブライアン平和促進条約、一九二五年のロカルノ協定等を参酌し、又国際聯盟及び国際司法裁判所の現状をも商量し、併せて米国の輿論が許容すべき程度、即ち案の実現的可能性に特に考慮を払える迹《あと》が歴として見える。勿論これは彼等の私案に過ぎないで、敢えて米国の政府筋の意見を代表したというものではない。同案の内容は後章に披露する。

我が有志者との意見交換

その後間もなき昨年の七月、ハワイにて太平洋関係問題調査会（Institute of Pacific Relations）の第二回総会が開催せられた折、列席のショットウェルは右の不戦条約案を提出して同志の研究を委嘱した。彼が同総会を機としてこれを同志の前に提出したのは、この種の条約を日米間に締結することが可能なるや否やに関し、同会議列席の日本代表者を通じて日本の輿論を承知せんと欲するの意に出でたとある。されば同会議に我国より出席したる東京帝国大学の高柳、高木、蠟山の諸教授、及び国際聯盟事務局の東京支局長青木節一氏は、同案に対して研究熟議を凝し、その結果に就いて発案者との間に意見の交換を充分に行った由である。

次いで一行の帰朝後、青木氏は『外交時報』の十月一日号においてショットウェル案を詳細に紹介し、その内容に対する批評をも試みられた。私も同じような問題に就いて既に卑見を公表したことあるが(『国際知識』、昨年六月号及び七月号)、青木氏の論文に啓発せられ、『外交時報』の十月十五日号においていささか同案に論評を加うる所あった。その後、同案を中心とせる論文は、私の閲読した限りにおいても、高柳教授『改造』十二号、『経済往来』本年三月号、松原一雄博士の『国際法外交雑誌』本年一月号、神川教授の同誌本年二月号、清澤洌氏の『外交時報』本年二月号の各所載論文、いずれも有益の文字に非ざるはない。これ等は主義上において概ね賛成論の側に属するものであるが、反対に、てんで不戦条約などいうものは贅物なり、無用なり、無効なりというが如き根本的の反対論も、大分世上に聞こえた。その要旨と価値に就いては、以下随所に引抄論評することもあろう。とにかくショットウェル案なるものが我国に紹介せられて以来、これに関する賛否の論は新聞雑誌の上に時々散見せらるるに至ったのは、相応の反響を我国に見出したものとして、発案者においても多少満足する所ならんと信ずる。

我が国内における反響

この間にありて不戦条約問題は、昨秋第八回聯盟総会においてもその議題に上った。

聯盟総会における侵略的戦争の非認

同総会の席上、ポーランドの代表者リカールは、「前年の第七回聯盟総会における一決議にありし『相互信頼の雰囲気を作るべき方法を攻究すべし』との意義は、侵略的戦争を非認して一切の紛争を平和的に解決すべきを宣言することに依りてのみこれを実現し得るものと信ずる。侵略の匪望の非認が人類の政治的意識に培われ、安全保障の制が平和の意識の根底に植えつけられ、ここに始めて軍備縮小の業を実現せしめ得るのである」と述べたる末、左の提案を試みた。

「本総会は、国家団体を結合する連帯関係を承認し、一般平和の維持に対する確固の希望に動かされ、侵略的戦争は国際紛争を解決する手段に非ずして、却って国際的犯罪を作るの結果となるべきを信じ、一切の侵略的戦争を厳に非認することは、依って以て一般的信頼の雰囲気を作り、延いて軍備縮小を促進する所以なるべきを思い、即ち（一）一切の侵略的戦争を禁止すること、（二）如何なる種類のものたるを問わず、国家間に生ずることあるべき紛争は平和的手段にて解決すること、本総会は聯盟各国が以上の二原則に従うの義務あることを宣言すべし。」

これに対しては伊国代表者より、右提案の趣旨は現聯盟規約を以てして足るべく、かかる宣言を反覆行うことは害ありて益なし、との意見も出たが、格別正面より反対するものとてはなく、結局大多数は主義上これに賛成を表し、決議としてこれを採択することになった。

国際聯盟協会内の有志研究会

他方、我国の国際聯盟協会においても、ショットウェル案は早晩来るべき現行日米仲裁裁判条約の更正問題と共に、当時商議中なりし米仏不戦条約の成功の場合に我が朝野の問題となるべきことを予想し、これが調査のため有志者の会合を求めたる結果、昨年十一月より十二月に亘りて前後数回の研究会が開かれた。この研究会に出席した者は、同協会の奥山主事以下関係諸員を始めとし、山川博士、高柳教授、外務省条約局の三谷、佐藤の両書記官、青木聯盟支局長、及び未熟の私などであった。

右の研究会において各員の所見が詳細に討議せられたる末、該条約案は全体においてその趣意すこぶる歓迎すべきもので、殊にそれは米国が既に他の諸国と締結したる仲裁条約の如く、必要なる諸国と箇別的にこれを締結せんとするものと解せらるるから、我国としては将来他の諸国と同種の条約を締結する上において極めて好都合と思わるること、同案の内容に就いては修正を要する点少なからざるも、全体としてはその成立は歓迎すべきものなるに顧み、且つ他方米国、殊にその上院の関係をも考慮し、これが修正は我国の側より観て必要やむを得ざる限度のものに止め、以て成るべく同案の成立の促進に資せしむべきこと等を申し合せ、若干の修正意見を具し、これを聯盟協会理事会に答申する形式において主事の然るべき取計らいを求むることとして協議を終えた。理事諸士の間には爾来相応の審議が進みつつあることと察する。

第五章　ショットウェル案の検討

不戦条約問題を論ずるには、幸に前述のショットウェルの試案があるから、これを基礎として論歩を進むるのが便利である。尤も米国国務長官ケロッグの昨年十二月二十八日付以降累次の対仏通牒が既に公表せられてあるから、これを基礎として論評するのも悪くはないが、私の見る所では、やはり先ずショットウェル案をば検討し、然る上にて米仏間の不戦条約問題に移る方が、問題の性質を明らかに捉うる上において却って捷径のように思う。

ショットウェル案には青木氏の訳文もあるが（『外交時報』十月一日号）、高柳教授の『改造』（十二月号）に載せられたるものに「此処に掲げた翻訳は私が更に青木君と協議の上試みた改訳である」と記してあるから、便宜同教授の訳文の方を左に転載することにする。（但し私がこれに句読点を施し、且つ極めて僅かばかり字句や仮名遣いに修正を加えたことを恕せられたい）。原文は巻末に附録として添えてあるから〔※本版では省略〕、便宜参照せられんことを希望する。

米国及び×国間恒久平和条約案

第一部　戦争の非認

第一条　米国及び×国は、如何なる場合にも他の一方を攻撃又は侵略せず、又はこれに対し戦争に訴えざることを約す。

第二条　前条の規定は左の場合にはこれを適用せず。
（一）　正当防衛権の行使、即ち前条の約定の違反に抵抗する場合。
但し攻撃を受けたる一方は直ちに紛争を平和的処理手続に附し、又は仲裁的もしくは司法的判決に従うことを申出づることを要す。
（二）　南北米大陸に関する米国の伝統的政策を遂行する米国の行動。
但し米国は、米大陸の国と米大陸以外の国との間の紛争が仲裁裁判又は調停に附せらるるために最善の努力を竭《つく》すべし。
第三条　世界平和促進のため両締約国は左の事項を約す。
本規約以外の義務的の国際紛争平和的処理に関する条約又は規約に対し違反ありたる場合には、締約国のいずれの一方も右条約違反国を幇助せざるべきことを約す。右条約違反国が締約国のいずれか一方なる場合には、他の締約国はこれに対し完全なる行動の自由を回復す。右の場合に執るべき措置は、米国に就いてはその政府の行動に依り、×国に就いてはその現存条約上の義務に従いこれを決定す。
第四条　平和維持に就き一般に承認せられたる法規の重要なることに鑑み、両締約国は本条約に定めたる如く、政策の具としての戦争を非認する基礎の上に国際法の漸進的法典化の促進に努むべきことを約す。

第五条　本条約に依り達成せられたる安全保障の増進に鑑み、両締約国は軍備の漸進的制限を促進するため相互に協力し、且つこれがために軍備制限の国際会議を定期に開催して妥当なる手段方法を研究すべきことを約す。

第二部　仲裁及び調停

第六条　両締約国は本条約の次条以下に定むる所に従い、相互の間に生ずべき紛争を仲裁裁判、司法的解決、又は調停に附すべきことを約す。

但し右紛争が国際法上締約国の一方の国内管轄に専属する事項に関する場合はこの限りにあらず。

第一部の規定は右の場合にも総て適用せらる。

仲裁裁判

第七条　法律問題又は両締約国間に現存する条約の解釈に関し、両締約国間に生じ、外交上の手段に依り解決すること能わざりし紛争は、ハーグに設置せられたる常設仲裁裁判所又は常設国際司法裁判所に附託せらるべきものとす。但し当該紛争にして両締約国の緊切なる利益、独立、もしくは名誉に関し、又は第三国の利益に関係ある場合はこの限りにあらず。

第八条　各場合において、両締約国は常設仲裁裁判所又は常設国際司法裁判所に訴うるに先だち、係争事項を明瞭に確定する特別協約を締結すべきものとす。右係争事項が常設仲裁裁判所に附託せらるべき場合においては、右特別協約は仲裁裁判官の権限及び仲裁法廷の構成に就き定むべき期間並びに手続の各階段をも確定すべきものとす。右の特別協約は、米国に就いては上院の協賛を経て大統領これを締結す。

調　停

第九条　米国政府及び×国政府の間に生ずべき一切の紛争は、その性質の如何を問わず、もし通常の外交上の手段に依り解決すること能わず、且つ両締約国がこれを仲裁裁判に附せざる場合には、次条に定むる方法に依りて構成せられたる常設国際調停委員会の審査に附し、その報告及び解決に関する勧告を求むべし。但し第六条の条件の制限を受く。

第十条　国際調停委員会は左記の方法に依り選任せられたる五人の委員を以てこれを構成す。即ち各政府は二人の委員を指名す。その中一人に限り自国国籍者たるべし。第五位の一名は合意に依りて指名せられ、且つ既に委員会に代表者を有する国に属せざる者たることを要す。議長の職務は右の者これを行う。最後の委員の選任に就いて両政府の合意成立せざるときは、他の四名の委員をしてこれを指名せしむ。右委員間において協定成立せざるときは、一九〇七年のハーグ条約第四十五条の規定を適用す。

委員会は本条約の批准交換より六ヶ月以内にこれを構成す。

委員は一年の任期を以てこれを選任す。但し重任を妨げず。委員は交代或いは再選あるまで、又はその任期満了の当時従事せる事務の完了に至るまで、その職務を行う。

(死亡辞任又は身心の故障に由り)欠員を生じたるときは、最初の選任の際用いられたる方法に依り、成るべく短き期間内にこれを補充す。

両締約国は委員選任に先だち、委員の手当に関する協定をなすことを要す。委員会の会合に伴う費用は両締約国均等にこれを負担す。

第十一条　両締約国間に生ずる紛争にして通常の方法に依り解決せられざる場合は、各当事国はいずれもその審査を国際委員会に附託し、その報告を求むる権利を有す。報告は国際委員会の議長に対してこれをなす。議長は直ちにこれを各委員に通達す。

右と同一の場合において、議長は委員と協議し、その過半数の同意を得たるときは、両締約国の各々に対し、委員会の労務提供を申出づることを得《う》。前項の規定に従う委員会に依る事件の受理には、両政府の中いずれか一方が右申出を受諾するの意思を表示したることを以て足る。

会合の場所は委員会これを定む。

第十二条　両締約国は各自委員会議長に対し、紛争の内容に就いて意見を陳述するの権利を有す。右両締約国よりの陳述は参考として提供せらるべきものにして、右陳述の相違は委員会の行動を拘束せず。

紛争の原因たる一定の行為が既になされ又は将になされんとする場合には、委員会は成るべく速やかに各当事国の権利を保全するため、その報告の提出あるまで暫定的に執るべき措置に付きその適当と認むるものを指示すべし。

第十三条　委員会の履むべき手続に関しては、委員会は成るべく一九〇七年のハーグ条約第一の第十条ないし第三十四条、及び第三十六条の規定に従う。

両締約国は委員会に対し、その審査及び報告に必要なる一切の手続及び便益を提供することを約す。

委員会の事務は事件の受理をなしたる日より一年以内に完成することを要す。但し両締約国がこれと異なりたる期間を定むることを約したるときはこの限りにあらず。

委員会の決定及びその報告の条項は多数決に依りてこれを採択す。議長は職務上の資格において報告書に署名し、これを各締約国に送附す。

両締約国は委員会の報告及び解決に関する勧告に対し執るべき行動に付き完全なる自由を留保す。但し第一部の規定に従うことを要す。

手続進行中の措置

第十四条　両締約国は左の事項を約定す。

調停もしくは仲裁裁判の手続又は司法的手続の進行中

（一）　相手国に対し暴力行為に訴えず、且ついやしくも紛争を重大ならしめ又はこれを拡大するが如き一切の行動をなさざること。

（二）　調停委員会又は裁判所の判決の執行又はその提議したる協定に有害なる影響を及ぼすの虞《おそれ》ある一切の措置を執らざること。

第三部　批　准

第十五条　本条約は米国に就いては米国上院の協賛を経て米国大統領これを批准し、×国に就いては×国憲法に従いこれを批准す。

本条約は批准交換後直ちに効力を生じ、締約国のいずれか一方がこれを廃棄するの意志を相手国に通告したる時より十二ヶ月の期間を経過するまでその効力を存続す。

右証拠として各全権委員は本条約に署名捺印す。

一九二×年×月×日ワシントンにおいて作成す。

本案の核心

即ち本案は、米国としては独りこれを日本との間に止めず、他の諸国との間にも締結せんという趣旨で編綴せられたもので、その核心は、締約国間において正当防衛に由る以外の戦争を非認し、国内管轄問題以外の一切の紛争を司法的解決、仲裁裁判、もしくは調停の方法に依りて解決することにする。簡単に云えば、戦争の避止と紛争の平和的処理にある。而してその前者に就いては、意匠をロカルノ協定に取り、後者に就いては、多くはブライアンの平和促進条約に則ったものである。但だ本案においては、米国の伝統的政策の範囲を出でしめないこと、しかも同時に米国と現存の国際平和機関との調停を計るということが、ロカルノ協定やブライアン条約に見ざる所の一特色と云うべきであろう。

ブライアン条約に比し一進歩

想うにロカルノ協定は、欧洲の当該諸国間の関する限りにおいて、今日の平和保障条約として先ず完璧に近きものである。強いて穴を探せば決して絶無ではないが、あの以上の協定は、欧洲現下の国際事態において先ず実現不可能であろう。又ブライアン条約は、その創設当時もし世界の視線が欧洲大戦のために奪わるることなく、又後日国際聯盟の理事会の紛争審査という作用が設定せらるることなく、又同条約所定の国際委員会の構成が完全に維持せられて今日に及んだとしたならば、よしんばブライアンその人の理想通りとまでは行かずとも、締約国間の平和維持に向って貢献することと必然大であったに相違あるまい。故に今後の不戦条約を立案するに就いては、ロカルノ協定及びブライアン条約をば採って以て手本とするに充分の理由と価値はある。前に述べた総括的仲裁裁判条約も、また以て将来の不戦条約の一範例となすに足るものであるが、我が国民の間には、国際紛争を総括的に仲裁裁判に附するというと、直ちに以ていやしくも国家の浮沈興亡に関する重大問題まで理屈の裁判にて決せしむるなどは不都合なり、という風に見る思想は今日でもかなり強く、その蒙を啓くには相応の努力と時間とを要するから、実際問題としては、ブライアン式の平和条約の方が、手本としてむしろ簡単であろう。独り我国においてのみならず米国その他欧洲二三の国においても、調停の方が総括的仲裁裁判よりも一般に受けが好いと聞くから、ブライアン式の調停制が国際紛争の平和的処理の有力なる一方法として、その実現性が一層大なりと云えるであろう。殊にショットウェル案においては、（一）ブライアン条約において係争事件の専ら事実を審査するのを眼目としたのに一歩を進め、その解決の方案を立ててこれを勧告するものとしたること、（二）ブライアン条約において審査報告後における当事国の行動は絶対自由としてあるに反し、本案においてはその場合にも第一章の条件を適用して戦争に訴えざることとなさしめ、即ち勧告不採択の場合には戦争以外の何等かの方法――これは後に説く如く決して完全とは云えぬけれども――を別に案出して問題の解決を計るべきを命じたること、(三)ブライアン条約における審査進行中武力行為に訴えざるべき条件は、本案においては仲裁裁判の進行中にも同様に適用すとしたること、以上の三点はブライアン条約に比し一歩を進めたもので、確かに出藍の誉れあるものである。

勿論調停は判決でなく、随って紛争国を拘束する力の足らないのはやむを得ない。けれども輓近国内法においても、例えば小作調停なり借地借家調停法なり、拘束力なくしてしかも便宜なる方法が制裁法規と相並んで相当に効果を示し居る事実に鑑みれば、国際の紛争もまた必ずしも判決の拘束力なき調停方法にて平和的にこれを解決し得る場合多々あるべきを想像し得べきである。国際紛争の平和的解決の一方法として、調停制は、よしんば拘束力なきも、将来益々広く利用応用せらるべきものと推定して誤りない。現に国際聯盟創設直後の第一回聯盟総会において、ノルウェー国代表者は、凡そ国際紛争を他の平和的手段を履むことなくして直ちに仲裁裁判又は理事会の審査に移すことの当否には疑いありとし、一の規約改正案を提出したことがある。その改正案の要旨は、国際紛争を直ちに仲裁裁判又は理事会の審査に附する代りに、先ず特定の組織に係る調停委員会（Conciliation Commission）なるものの調停手続に附すべく、而して調停委員会の尽力その功を奏せざるに至り、ここに始めて聯盟機関の審査に移すべしというにある。このノルウェー案は総会及び委員会における幾多の討論を経、遂に第三回聯盟総会において多少の修正を加えてこれが可決を見るに至った。その要領を摘記すれば、聯盟国は国際紛争を調停委員会に附するの目的にて他の聯盟国と別個的に条約を結び（ノルウェー案は聯盟規約を改正して新たに調停委員会の一項を加え、その条約は聯盟国全体を包羅する一般的条約とするの意であったが、成案においては一般条約に依るを排し別個的条約としたのである）、委員会の組織、権限、手続等を自由に定むるを得べく、但し成るべく左の調停手続規則に準拠するを要すとする。即ち調停委員会は、紛争当事国の各選定したる一名は自国人、一名は第三国人なる二人ずつの調停委員合せて四人と、その委員の共同選定する第三国人の委員長との通計五人にて成立する。委員会は原則として開会の時より六ヶ月以内に審査を終了し、多数決にて決定をなし、報告書を作成して当事国及び事務総長に通告する、但しその決定は、委員会にて全員一致の結果である場合の外、紛争解決前においては対手方の承諾あるに非ざる限りこれを発表するを得ない、というのがその概要である。

想うに当事国間の外交手段にて円満の解決を見るに至らざる国際紛争にありても、第一段において或る機関の調停手続に依り解決せられ得べきものは絶無と限らない。故に聯盟規約にして別に調停委員会の如きものを設け、第一次に紛争をその調停手続に附せしむるという制は、これを賛するに相当の理由ありと云える。尤も聯盟規約は決して従来の周旋なり居中調停なりを非認するのではなく、聯盟理事会以外において又は理事会それ自身において、これを行うに妨げある次第でないから、ことさら新たに調停委員会を設けざるも差閊《つか》えなしと云えば云えるのであるが、しかも聯盟理事会の既に第一次において国際紛争に対する審査を行うの現制の下にありては、実際問題としては、多くは周旋又は居中調停を措いて直ちに理事会の審査に移るのが自然の趨勢であろうから、特殊の場合において調停委員会を経由するの道を啓き置くことも、必ずしも非難すべき制ではない。

退歩の点もある

かくの如く調停制は、国際紛争の平和的処理の有力なる一方法と認めらるるに至ったものであるから、ショットウェル案においてこれを採択し、しかもブライアン条約のそれより一歩を進め、調停委員会をしてただに事実の審査のみならず、紛争解決の勧告をなすの権限をもこれに与うることにしたのは、確かに一進歩と評せざるを得ない。然るに他の一方にありては、本案のブライアン条約に比し却って退歩と見ざるを得ざる点もある。元々本案の起草者は、一方には戦争の避止と紛争の平和的処理という神聖なる二大旌旗《せいき》を掲げつつ、他方には米国自身の伝統的政策たるモンロー主義や同国の上院が時に捻《ひ》ねくる主権擁護論をこれと両立せしめんとする所に、甚大の苦心が払われることが明らかに読める。しかもこの両立は果して合理的であろうか。必ずしも合理的でなく、むしろ不合理的であるとしても、これを両立せしむることが平和保障条約の成立上やむなき須要の条件なりとせば、如何に辻褄を合わすことにせば少なくも条約の形式上の不合理を取り繕い得るであろうか。これに答うるため、先ず本案中において、ブライアン条約に比し退歩の点、退歩というに語弊あらば、少なくも感服し難しと正直に申さねばならぬ二三の点を挙げて分析して見たい。

その第一は、本案第二条第二号において、米国の伝統的政策云々の語に依りて間接に言い表されたる例のモンロー主義の擁護である。モンロー主義の意義性質等は今細説しないが、要するにこの主義は、今より約一百年前に時の大統領モンローが議会に向ってなしたる当年の外交政策上の一宣明に過ぎないで、国際上一の主義とか了解とかになって居るものでないことは論を俟たない。初めこの宣明ありし当時には、多くはモンローのプロナウンスメントと称されたもので、それがドクトリンの字となったのは後のことである。が、ドクトリンにした所で、一定不動の主義とか局地的の了解とか云うほどのものではなく、米国政府の独り極めの一政策に過ぎざること、深く説明するを須いない。随って例えば国際聯盟規約においても、その第二十一条に「モンロー主義の如き一定の地域に関する了解」と銘を打ったのは、正しき遣り方でなかったこと勿論である。了解即ち understanding には、当事国間の約諾ということが必須の要件である。然るにモンローの当年の宣明は、その政策の傘下に掩う所の中米南米諸国との間に、これに就いて予め何等了解を遂げた結果ではなく、一己の発案でこれを議会に対する教書の形式において公表したものに止まる。しかも事後、これを各国政府に通牒するの形式を執ったのでもない。随って他の諸国も、米国のこの政策宣明に対し承認の意を公然表明したものとては一国もない。米国がモンロー主義の傘下に掩わんとする米大陸諸国にしても、その大部分はこれに不満である。現にメキシコの如きは、米国がパリ講和会議において国際聯盟規約中にモンロー主義擁護の一条を挿入せんと運動せる頃、パリの各国代表者に向って

「モンロー主義は米大陸諸国の上に後見権を設定せんとするものである。メキシコ政府は未だかつてこの主義を承認したことなく、将来とてもこれを承認せざるべし。」

との意を通牒したことがあり、又最近には、本年二月二十八日、国際聯盟の安全保障

委員会において、アルゼンチンの代表者は

「予は歴史的事実に照し、聯盟規約第二十一条の規定を非認することを予の義務なりと信ずる。モンロー主義は米国の政治的一宣言に止まる。この宣言の内容及びその趣旨とする所の政策は、当年にありては神聖同盟に対抗すると共に欧洲の米大陸侵略の脅威を除かんとするにありて、南米諸国の建国の当初に際しこれに依りて少なからざる利益を獲たことは吾等これを多とする。けれども、未だかつて他の米大陸諸国に依りて明らかに承認を得たことを聞かざる一方的の政治的宣言に与うるに、たとい例示的とは云え、一定の地域に関する了解との名を以てすることは、全然正確を欠くものである。」

と声明した。これは無論本国政府の訓令の下になされたる声明と受け取られ、列席の各国代表者の深く注意を惹いたものである。南米諸国は、往昔欧洲諸国の野心を防止するに就いて米国の後援を藉りる必要のあった頃にはモンロー主義を礼讃したが、今日にありては、彼等は米国が依って以て己等に加えんとする覇権の旗印とし解し、すこぶる難有《ありがた》迷惑に感ずる。そんな訳であるから、事実モンロー主義は、他国を拘束する所の国際上の一準則と認むべき何等の根拠を有せざるのみならず、米国の国際法学者が往々論断するが如くに国際法の一淵源を成すものでは断じてない。

その解説的曖昧

モンロー主義の如何に不鮮明、不確実、不徹底であるかは、試みに米国政府に向ってその解説を求めて見た所で、確たる説明の能《で》きず又説明するを欲せざることにても一斑が推せる。往年国際聯盟の成れる折、サルヴァドル国は聯盟に対する自国の態度を決するに就いて、米国政府に向ってモンロー主義の公的解釈を質問した。米国政府はこれに対し、大統領ウィルソンが一九一六年一月六日華府《ワシントン》の全米協会においてなしたる演説の要旨を抜萃してこれに答えた。その演説の要旨というのは、南北米大陸諸国は互いに絶対の政治的独立及び領土保全を維持すべきこと、該諸国間の紛争は総て仲裁裁判その他の平和的方法に依り処理すべきこと、何れの国も他国に対し革命的征討を行うべからざること、近隣諸国における叛徒に供給する目的にて武器を輸出するを禁ずること等の希望の披陳に過ぎない。尤もその演説中には、「モンロー主義は単に欧洲各国に対しその政治的制度を大西洋の此岸に拡張せざらんことを要求するのみで、米国が大西洋の此岸において自己の勢力を使用することを意味するものに非ず」との語もあったが、これとて要は米国自身の外交方針の一端を吐露したものに止まる。これでは、局地的了解として天下に誇るに足らぬすこぶる不徹底の解説たるを免れない。いつであったかニューヨークサン紙に「モンロー主義はその弾力性あることゴムの如く、その広汎的なること野外の如し」（"The Monroe Doctrine is as elastic as

India rubber and as comprehensive as out-doors”）との名句を見たことがある。事実その通りで、その弾力性あり広汎的であるだけ、或る場合には米大陸諸国に対する他大陸国の侵略に抗する擁護、或る場合には自国の米大陸諸国に対する覇権の樹立という風に、米国はその欲する所に従ってこれが解釈を自由自在にする。而もモンロー主義のこととなると、米国政府の公的解説がかく不徹底であるに拘らず、彼等は恰もそれが国際上の既定の原則であるが如くに自認し、血眼になって争うのは世上周知の通りである。本案における本項の除外例も、またその精神に出でたもので、すこぶる得手勝手のものたることは論を俟たない。

打ちこわしは面白くない

けれども、それが如何に得手勝手のものなるにもせよ、米国が飽くまでこれを主張する以上は拠《よんどこ》ろないのである。拠ろないというのは、それならば我方は御免を蒙ると云って不戦条約の締結を御断りするか、将た或いは米国の要求の精神を酌んで条文の上に或る種の妥協を講ずるか、二者その一を択ぶの外ないからである。然るに右の前者は、条約を不成立にするという打ちこわし論であるから、私は取らない。こんな条約は全然不要のみと主義上排斥して了えばそれ迄で、打ちこわし論でも差閊《つか》えないが、能《で》きるならば本条約の如きものを成立せしめたしとて、主義上において同意を表する以上は、何とかして妥協を計り、打ちこわさずにこれを物にするということに向って方針を執らねばならぬ。

妥協の一案

米国のモンロー主義擁護は、理の当否は別論とし、米国としては到底動かし難きものなることを実際論として肯定し、しかも条約文の体裁としてかかる得手勝手なことを露骨に表白することを避けしめ、婉曲にその精神だけを何等かの形式において採用することになすに就いては、如何にこれを取り扱って然るべきかというに、卑見にては、本条約案第二条第二号の「南北米大陸に関する米国の伝統的政策を遂行する米国の行動」なる文字をば、国際聯盟規約第二十一条の行文――甚だ拙劣にして且つ不当なる行文ではあるが――に倣って「締約国間に爾《しか》く黙認せられたる局地的了解に遵由して各締約国が執る所の行動」(action by either of the High Contracting Parties in pursuance of a regional understanding tacitly recognized by them as such)とでも改むることが、先ず可能的妥協案であろう。然しながら、これに就いては一応の説明を要するものがある。

その理由

モンロー主義が決して特定の地域に関する了解として公認せられたものでないことは前述の如くである。けれども、既に国際聯盟規約の上において、この主義をば一定の地域に関する了解の一例に掲記し、而して我国を始め対独平和条約署名国が挙ってこれに印判を押した以上は、モンロー主義が一定の地域に関する一了解なること、立法論としてはともかく、解釈論としては好むも好まざるも動かし得ない。故に今本案において、米国の伝統的政策云々の露骨なる文句を避けて、代ゆるに右様の字句を以てすることは、国際聯盟の文字精神に忠実なる我国として必ずしも滑稽でないのみならず、米国とても聯盟規約の原起草者の一員として異議のあるべからざる所ならんと信ずる。

又実際問題として考うるに、モンロー主義に由る行動で戦争が日米間に起るような場合があろうかと想像して見ると、それは先ず有り得ない。米大陸における我国の利害といえば、主として南米殊にブラジルに発展しつつある我が移民、及びこれに附随する諸般の事業である。が、これに関して我国とブラジル又はその他の米大陸国との間に、干戈に訴えて争わねばならぬ問題が起ることあるべしとは思えない。万一、万々が一、三四万もしくはその一部の我が移民が虐殺にでも遭い、その善後談判に埒明かぬような場合をでも仮想的に臆測すれば別であるが、そんな場合が起り得べしとも、これまた想像がつかない。又仮にそんな場合が万一起ったとして考うれば、米国は日米不戦条約の上にモンロー主義に由る戦争を除外するという明文を予め掲げて置くに非ずんば黙々として拱手するか、不戦の約束を膠守して居るかというに、そんなはずはなかるべく、事いやしくもモンロー主義の消長に関すと見ば、理の当否を論せず、又条約の明文があるなしに拘らず、彼れたちまち蹶起してこれが擁護の手段に出づべきは睹《み》易き所である。故にモンロー主義擁護のことは、これを明文に掲ぐるも掲げざるも結果においては同じで、唯だこれを掲ぐるの気休めに満足するというまでの話である。随って実際的見地に立ちて我国からこれを見れば、これを掲げたとて特に強く拘束を受ける筋合のものでもない。但だ然しながら、対手国との条約の体裁として、明らさまに片務的規定を掲ぐるのは面白くないという所から、せめては右様の漠たる文句にすれば、双方の顔を潰さずして済むべしという卑見に過ぎぬのである。

要するに本案の文句では、米国のみが或る行動に就いて不戦の除外例を享有するに対し、対手国はこれを享有しないから、片務的不対等の嫌いあるを免れないが、今仮にこれを右様の如くに修正するとせば、その嫌いは少なくも形式上においては避くるを得ることになる。特に形式上という次第は、たといかく改むるにしても、事実において該除外例の適用せらるるのは米国のモンロー主義のみであろうが故である。同じ局地的了解なるものを楯に、強いて例えば満蒙における我が特殊利益——それが仮に一種の局地的了解と云えるものと擬し——に関する行動を、同じ別途取扱に遇せしめんとすることが可能的なるや否やは何とも答えられず、事はその場合の外交折衝に譲るの外あるまい。去る大正九年二月二十日、我が貴族院において、時の外務大臣内田康哉伯は坂本俊篤男《だん》の国際聯盟規約第二十一条にある「モンロー主義ノ如キ一定ノ地

米大陸国と非米国との紛争

域ニ関スル了解」の範囲如何との質問に対する答弁中において、「日米協定はこれに該当するものと認む」と言明した。これは石井・ランシング協定に謂う接壌地に対する我国の特殊地位なるものを指したのである。けれども、該協定がその後日米間に廃案となった今日においては、満蒙に対する我国の特殊地位を一定の地域に関する了解として弁護し得るや否やは問題で、事は畢竟その問題の起った時の外交折衝の結果で決定するの外あるまい。

第二には、本号但し書即ち「米国は米大陸の国と米大陸以外の国（原語は a non-American Power）との間の紛争が仲裁裁判又は調停に附せらるるために最善の努力を竭《つく》すべし」は、無意味の条文のように思う。けだし本条約が仮に日米間に成り立つとする。その日米不戦条約において、例えばメキシコとドイツとの間に生じたる紛争に対する米国の尽力のことを規定するが如きは、両締約国の関する限り全然没交渉のことで、単に米国の親切顔を広告する以外にほとんど意味を成さない。尤も「米大陸以外の国」を、前項のモンロー主義の規定を受けて、米国の対手たる締約国の一方を意味すると解釈せば――いささか無理の解釈のようではあるが――多少の理由なきにあらねど、それにしても余計な御世話である。なぜならば、今日とても例えばメキシコと我国との間に生ずることあるべき或る紛争を、仲裁裁判又は調停に附議することは、米国の仲介的努力を俟たずとも一向差閊《つか》えなく能《で》きることで、米国はモンロー主義を振り翳してこれを妨ぐべき謂れは無いからである。

第三には、米国上院の往々囂《かまびす》しく主張する謂わゆる国内管轄問題である。

本案の第六条但し書には、「右紛争が国際法上締約国の一方の国内管轄に専属する事項に関する場合はこの限りにあらず」とある。「この限り」とは、締約国相互間に生ずべき紛争を仲裁裁判、司法的解決、又は調停に附すべきことの謂いである。そもそも「国際法上締約国の一方の国内管轄に専属する事項」とは何であるか。この文句は国際聯盟規約の第十五条第八項にもあり、太平洋島嶼に関する四国条約の附属声明書にもあるが、元来国際法上専ら一国の管轄に属する事項というものが世に実在するであろうか。特定の国際法規又は条約に依り、或る問題の一国の専管に属することが承認せられたものは別である。この点において立博士が国内問題なるものをば「国際法規に依り原則として一国の管轄権に属すべきこと明白に認められたる事項に関し、且つ国際法規上又は条約上において他国に対する特別なる国際法上の義務又は責任の関係を存ぜざる問題」と説かれたのは、至極善い見解と思う（『国際法外交雑誌』、大正十四年七月、第二十四巻第六号参照）。けれども、或る事項にして国際法上当然自動的に、即ち国際法規又は条約に依る明白なる承認を俟たず、一国の国内専管問題と称し得るものありとは、私には理解し兼ねる。如何なる事項でも、それが当該両国間の交渉案件とならざる限りは国内問題である。反対に、一旦交渉案件とならば、その交渉の継続する限り国際問題である。国内問題と国際問題の差は、問題それ自身の各性質にはあらずして、その引掛かる範囲にある。

例えば国税の徴収に就いていう。税務署が徴税令書を本邦在留の一外国人に発し、その外国人が異議なくこれを納付すれば、その徴税は国内事項である。が、仮に彼れ異議を挟み、而して彼の利益を代表する外交官領事官がその異議に理ありとし、我が政府に向ってこれを取り次ぎ、交渉を申し込んだとする。そうなると、そは既に国際問題で、我国は国税徴収は国際法上専ら自国の管轄に属する事項なりと論じて抗弁したとて、その理由だけでは抗弁は通らない。更に又、例えば一国内在留の外国人の取締りに関する事柄は、それに関して問題が両国間に起らざる限り、我国の内務行政に属する国内問題である。然るにその取締りに就いて条約上その他の見地から苦情起り、本人所属国の代表者と我が政府との間の交渉案件となると、その同じ問題は外務行政に移り、化して国際問題となるのである。

米国は常に移民問題を以て米国専管の国内問題と称するが、これに対し対手国が承認し、又はこれに就いて何等交渉を米国政府に持ち込まざる限りは、そは以て国内問

国家の主権事項と国際問題は両立す

題と称し得べきも、これを持ち込んで当該両国間の一の紛争となれば、ここに化して国際問題となったのである。移民問題を米国は自国の国内問題といい、而して我国がこれを承認し、これに向っては容喙し得ざるものと納得すれば論はない。けれども我国は、未だかつてこれを爾《しか》く承認し、爾《しか》く納得したことはない。或いは我が当局者が迂闊に承認したことあるかは知らぬが、私はかつてこれを記憶しない。尤も外国人の入国に制限を加え又はこれを禁止すると否とは、自国の権内に属すること勿論で、我が政府も大正十三年五月三十一日、在米埴原大使をして米国政府に向って発せしめたる抗議書の末段に「根本論としては各国の版図内における移民入国の制限及び取締りが国家固有の主権内に属することはここにこれを否定せんとするものに非ず」と言明してこれを承認した。この言明は正しい。けれども、或る事柄が国家固有の主権内に属するということは、この事柄は国際問題として取り扱うべからず、又取り扱うを得ず、という論理的結論を生ずるものでない。

殊に外国人の入国を許否するは国家固有の主権に属すとの論拠よりして、例の差別的待遇の苦情に対しても、国内管轄問題たるの故を以てこれに抗弁するが如きは、事理を弁えざるの甚だしきものである。例えば関税率の制定は当然国家固有の主権に属するが、関税率の差別的待遇は当然重大たる国際問題となるを免れない。又例えば国

米国の専決は不当且つ不利

内の兵備の配置の如きも、これまた国家固有の主権に属すること論なきが、漫に動員を行い国境に示威すれば、化して国交破裂ともなるべく、単に国内管轄問題との理由で隣邦の激怒を抑圧せんとしても能わざる所である。差別的待遇の苦情に基く交渉をも国内問題の防壁にて遮らんとするの不条理なるは、これ等の類例と更に揮ぶ所ない。すなわち一言にして云えば、たとい国内専管問題であっても、その問題に基因して一の悶着が外国政府との間に起るに至らば、その理非を問わず単に国家固有の主権論一点張りにてこれを受け附けることをだに峻拒することは、国際の通義がこれを許さない。国際の通義は、悶着の内容を調査して理非曲直を明らかにすべきを命ずる。そうなれば、既に一の国際問題である。国際問題ではあるが、その事柄の本来国家固有の主権に属することは寸毫も動かない。国家固有の主権ということと国際問題なるものとは、決して両立せざる観念ではない。一は性質に係り、一は作用に属し、両者同時に併立して毫も撞着しない。由来国際法学者が国内管轄問題なるものの説明に苦心し、たまたま一原則を立てて見ても直ぐ例外の多きに惑い、概ね曖昧に解釈を追いつつあるのは、畢竟右の視角を誤るからである。

のみならず、或る問題が果して国内問題であるか否かは、現に前述の移民問題におけるが如く、彼我の見解が必ずしも一致せぬこともあるから、米国限りにて独断的にこれを国内問題なりと決定するの不当なるは言を俟たない。ただに不当であるのみならず、米国として時には不利でもある。例えば日本が任意に国内問題と称して任意の措置を講ずることあるに対し、米国は自国の容喙以外に属するとして常に黙従して居るであろうか。例えば朝鮮に事起り、我が政府はその鎮定の必要上、臨機に一法令を出して朝鮮在留の米国人の或る自由を或る程度に拘束するとする。丁度米国が移民法に依りて日本人の入国を禁止するように、理由は勿論違うけれども、例えば米国人の朝鮮に渡来するを禁止すると仮定する。米国政府はこれを以て日本の国内管轄問題なりとなし、何等容喙せず、何等権利を主張せざるべきか。まさか黙しては居るまい。米国が単に移民問題のみに就いて考うれば、国内問題を任意の見解に依りて取り除くは自国の利益ならんも、同様のロジックにて論じ得べき国内問題が日本にも全然無しとは限らざることを考うるにおいては、その解釈権を自国独り握らんとするの主張は、必ずしも米国自身の利益でもあるまい。

第三者の決定に委ぬべし

されば、仮に一歩譲りて国内問題なるものを本条約の適用より除外するは可なりとし、その果して除外すべき国内問題なるや否やに就いて両国間の見解一致せざる場合には、少なくもこれを特定機関の裁定に俟たしむるの制にするのが望ましい。前章に述べた一九一一年の米英及び米仏総括的仲裁裁判条約においては、或る紛争が附訟的

泣き寝入りを命ずる規定

なるや否やに就いて意見の一致せざる場合には共同審査委員会がこれを決定し、而してその決定は拘束的としてあった。国内問題という決定は少なくもかかる規定の下に立たしむるのでなければ、決して公平と称するを得ない。現に国際聯盟規約第十五条第八項においても、紛争国の一方が「国際法上専ラ該当事国ノ管轄ニ属スル事項ニ付生シタルモノナルコトヲ主張シ聯盟理事会之ヲ是認シタルトキハ聯盟理事会ハ其ノ旨ヲ報告シ云々」と規定し、国内問題たるの認否権はこれを聯盟理事会に委ねてある。

第四には、第六条の第三項には「第一部の規定は右の場合にも総て適用せらる」とある。第一部の規定とは不戦の拘束である。右の場合とは、国内管轄事項はこれを仲裁裁判、司法的解決、又は調停に附せざることである。そこで、国内管轄事項はこれを仲裁裁判にも、司法的解決にも将た又調停にも附さない。さりとて、その事項に係る紛争では戦争はしてはならないという。然らばどうするのか。往年のブライアン条約においては一切の紛争を対象とし、国内管轄事項をも除外してない。且つブライアン条約においては、国際委員会の報告後において紛争当事国の行動は絶対に自由としてあるが、本案においては前述の如く不戦という約束は恪守せねばならぬ。故に結局どうするのかと云えば、この場合においては仲裁裁判に依らず、司法的解決を求めず、調停をも請わないで、その他において戦争以外の何等かの方法を別に案出して問題の解決を計らねばならぬ。それは一体能《で》きることであるか。別途の妙案が捻出せられ得るようならば、初めから外交上の手段に依り解決すること能わざる紛争とはなりはしまい。本案の本条規定は、この点において極めて重要であると同時に、極めてむつかしい注文を課したもので、むしろ泣き寝入りを命じたものと見られる。泣き寝入りならば未だ忍び得んが、その紛争案件が未解決のままに打ち棄て置かるることは、国交の円滑を脅威する種因をいつ迄も残して置く訳で、国際平和のために寒心に堪えざることであるまいか。とにかく、そんなむつかしい注文を課したり、泣き寝入りを命じたり、平和を脅威する種因を残さしめたりするよりも、何故に国内管轄問題とても、ブライアン条約の規定の如くに、これを一応国際委員会の手に附託することにしないか。将た少なくも国内問題としての除外の判断権を国際委員会に委ねないか。この点は本案としてなお大いに討議の余地ある所であろう。

不戦条約と国際聯盟の関係

第五は、本案第三条の規定である。その規定の内容を論ずるには、先ず以て不戦条約と国際聯盟との関係を明らかにせねばならぬ。

不戦条約が聯盟加入国たる例えば我国と未加入国たる米国との間に限られるものならば論はない。全然ない訳ではなく、聯盟規約第十七条の関係においてやはり多少の引懸りはあるが、これは後に述ぶるとし、不戦条約にして米国が仏国に向って要望したるが如き多数国との聯合条約、謂わゆる多辺的条約であって見ると、聯盟加入国は現に相互の間に、規約第十六条に由る侵略国に対する制裁義務を負うものであるに、その制裁義務を時には履行し得なくなる。別言すれば、多辺的不戦条約の調印国たる聯盟加入の諸国は、その条約の結果として、不戦の義務と聯盟規約の命ずることあるべき対違約国の制裁に係る武力使用の義務との衝突に遭会することになる。又多辺的条約でなくして、米仏間、米日間というような放射線的条約にありても、米国が一方の当事者として聯盟加入国の或る者との間に紛争を生じ、而して非聯盟国たる米国が、仮に聯盟規約第十七条所定の義務受諾の勧誘に応じたとしたる場合には、米国とてもやはり同様の義務衝突に逢着するを免れない。広く不戦ということを約束すると、右の如く聯盟規約の命ずる制裁的戦争をも行い得ざることになるから、聯盟加入国としてはかかる約束をなし得ざるは明らかで、随って後章述ぶる如くに、仏国が不戦条約の適用範囲を侵略的戦争の場合に限定せんとしたのは、一理あることと云わざるを得ない。

類似の条約違反に対する措置

ショットウェル案の第三条は、この点に関し苦慮を払える迹《あと》を示すものである。本条にいう「本条約以外の義務的の国際紛争平和的処理に関する条約又は規約」とは、日米国際聯盟規約やロカルノ協定の如き本条約類似の条約を意味する。即ち本条は、日米両国とこれ等類似条約を取り結べる他の諸国との関係を律する趣意に出でたもので、即ちかかる条約を有する国、例えば英国なら英国が、その条約に違反する行為ある場合には、日米両国はいずれもこれに援助を与えない。即ち聯盟規約所定の制裁を消極的に支持する。聯盟規約においては甲国が該規約に違反して乙国を攻撃したる場合には、他の聯盟国はその乙国を共同援助する義務がある。又ロカルノ協定においても、その背後には制裁機関として国際聯盟が存在する。要するにその制裁は積極的で、即ち進んで共同的に違反国に対し、経済的なり武力的なりの制裁を加えるのである。然るに本案においては、単に違反国の方に味方さえせねば可《よろし》いという消極的の義務に止まり、その以外の措置に就いては、これを各締約国の自由裁量に委してある。勿論本案は、二国間もしくは米国を中心として他列国との放射的の条約案で、締約国相互の間を相互に律する謂わゆる多辺的条約を期待したものでないから、聯盟規約やロカルノ協定の如き聯合的の制裁規定を説くることは、或いはその目的以外に属したかも知れぬが、いずれにしても右様の消極的義務に止まる規定は、これを聯盟規約又はロカルノ協定に比し、その制裁すこぶる微温的たるを免れない。且つ又その消極的なる不援助の制裁範囲に至りても、実際の場合にこれを如何なる限界に定むべき。兵力の援助は論外であるが、例えば国際法上局外中立国の権利として、交戦国に向って或る程度に供与するを妨げざる或る種の便宜までをも供与し得ざるものと解すべきか。その肯否如何に依りては議論の余地が必ずあろう。

又本条の後半には「右条約違反国が締結国のいずれか一方なる場合には、他の締約国はこれに対し完全なる行動の自由を回復す」とあるから、日米両国の一方が前述の条約の違反をやった場合には、他の一方は正当防衛、条約擁護等を名として戦争又は戦争以外の何等強制手段（例えば返報、復仇、船舶抑留、平時封鎖等）に出づるも、又は君が破るなら僕も破ると云って条約なき白紙状態に還元するも、それは全く自由である。さすれば本条約は、対手の違反行為のため直ぐ失効となる訳で、耐久力に乏しき極めて脆弱のものとなる。故に平和保障条約としてその力と価値を幾分なりともヨリ大ならしめんとならば、日米両国は更に別国との間に本案同様の条約を締結し、微弱の消極的制裁ながらもこれを伴わしむるのが差し当り執るべき一策であろう。尤も他の一面から云えば、本条約の対手国たる日本が違反国たる場合には米国は本条約の拘束を受けないで任意の行動を執るというのであるから、その任意の行動として聯盟規約の命ずる制裁に加わることをも妨げないのである。かくして米国は、これに依り侵略国に対する制裁として負担すべき義務をば、限定的範囲において間接に承認し、依って以て聯盟規約の制裁との間に衝突なからしめんと欲したものとも、強いて解せば解し得られぬでもない。そう解釈すれば、本案と聯盟規約との間に、いささか窮屈の嫌はあるが、正面の矛盾は避け得らるる訳で、さきに苦慮を払える迹《あと》を示すと私の述べたのはこれを指すのである。

附訟事項の除外

第六には、本案第七条において、ハーグ設置の常設仲裁裁判所又は常設国際司法裁判所への附訟事項から、例に依り「両締約国の緊切なる利益、独立、もしくは名誉に関し、又は第三国の利益に関係ある」紛争を除外したことである。この除外に依り、折角の仲裁裁判及び司法的解決事項に重大なる穴があき、その効力の大半が殺がるる次第は、日米間の現行仲裁裁判条約その他月並の同種条約に関し私の既に詳述した所から推せるのみならず、世上識者のほとんど挙げて一致する見解と信ずるから、ここに重ねて論ずるにも及ぶまい。

けれども、暫く或る種の紛争はこれを仲裁裁判又は司法的解決に附することを妙ならずとし、若干の例外を設くるとする。然る場合には、或る紛争がその例外の範囲に落つるか否かは、一国の主観的尺度で測定しないで、必ず両国の共通普遍的の尺度で測定することにせねばならぬ。前掲の米英総括的仲裁裁判条約においても、紛争にして条約上その他の権利に基くに非ざるもの、及びその性質上附訟的に非ざるものは、これが管轄以外としてあったのである。但だ然らばここに一紛争が発生したりとし、その紛争が右の例外的事項、殊に附訟的のものでないということは誰が決するかと云えば、前に国内問題に就いても云える如く、米国が独断的にこれを爾《しか》く決するのでなくして、両締約国の見解が一致せざるものは共同審査委員会の審査に附することにしてはどうか。即ち同委員の全部又は一名を除ける全部において右の紛争が附訟的のものと決定報告するときは、これを義務的に仲裁裁判又は司法的解決に附すべきものとする。換言すれば、国家の緊切なる利益とか、独立とか名誉とか、又は第三国の利益に関係あるものとかと紛争当事国自身が任意に認定してこれを自動的に仲裁裁判なり司法的解決なりから除外することにせず、その任意認定を許さないで、必須的にこれを共同委員の審査決定に俟たしめる、というような建前にしたいものである。然るに本案は依然従来の月並的仲裁裁判条約の文字及び精神をそのまま踏襲し、一歩も向上の跡を示すなきは惜しむべきである。

　最後に、本案第八条第三項には「右の特別協約は、米国に就いては上院の協賛を経て大統領これを締結す」とある。右の特別協約とは、同条第一項に謂う所の裁判所に訴うるに先だち係争事項を明瞭に確定するために締結すべき協約のことである。この特別協約なるものは、ハーグ議定の国際紛争平和的処理条約にある仲裁契約（Compromis）に該当する。

これに就いては、ハーグの第二回会議改定の同条約第五十二条には、仲裁契約記載事項を綿密に列挙し、「仲裁裁判ニ依頼スル諸国ハ其ノ紛争ノ目的、仲裁裁判官ヲ指定スベキ期間、第六十三条ノ送達〔紛争問題の陳述書、答弁書、弁駁書等の送達である〕ヲ為スベキ方式、順序及期間並各当事者カ費用ノ予納金トシテ寄託スヘキ金額ヲ定メタル仲裁契約ニ記名ス」と定め、その第二項として「仲裁契約ハ又必要ニ応シ仲裁裁判官指定ノ方法、裁判部ノ有スルコトアルヘキ一切ノ特別権能、其ノ開廷地、其ノ使用スヘキ国語及裁判部ニ於テ使用スルコトヲ許スヘキ国語其ノ他当事者間ニ約定セル一切ノ条件ヲ定ム」を追加し、又第五十三条第一項を「常設裁判所ハ当事者カ仲裁契約ノ作成ヲ該裁判所ニ委託スルコトニ一致シタルトキハ之ヲ作成スルノ権能ヲ有ス」とし、仲裁契約の作成権を常設裁判所、厳正に云えば、その都度構成せらるべき当該裁判所に附与した。又同条第二項において「本条約実施後締結セラレ又ハ更新セラレタル総括的仲裁裁判条約ニシテ各紛争ニ付仲裁契約ノ作成ヲ予見シ且明白ニモ又暗黙ニモ其ノ作成ニ関スル裁判所ノ権限ヲ否認セサルモノ、中ニ規定スル紛争ニ関スルトキ」及び「一国ニ対シ他ノ一国ガ其ノ国民ニ支払ワルベキモノトシテ請求スル契約上ノ債務ヨリ生シタル紛争ニシテ其ノ解決ニ付仲裁裁判ノ提議ガ受諾セラレタルモノニ関スルトキ」は、裁判所は単に当事者の一方より請求ありたるときにおいても仲裁契約を作成するの権限を有すとしてある。米国上院はこれに批准を与うるに際し、常設仲裁裁判所にこの場合における仲裁契約の作成権を認めざること、及び米国が締約国の一である所の仲裁裁判条約に依りて要せらるる仲裁契約は、反対の規定あるに非ざる限り必ず締約国間の協定に依りこれを取り極むべきこと、という留保をした。これは米国の上院権限擁護主義から来た所のもので、米国はこの主義を固執することにおいて往年の英国（及び仏国）との総括的仲裁裁判条約を遂に廃案に帰せしめたのである。而して米国がこの主義を今後も固執し、特別協約即ち仲裁契約を一々上院の協賛に俟つとなす限り、懸案を常設仲裁裁判所又は常設国際司法裁判所に附議することが迅速且つ円満に妥協せらるるであろうか。いささか疑いなきを得ずで、事は小に似たれど、本条の完成を期する上において一考に値する問題であるまいかと思われる。

識者の研究討議を望む

要するにショットウェル案は、案そのものの内容を法律的検微鏡に掛け、各条項の文字に就いて逐一穴を探して見ると、随分欠陥多く、議論を挟むべき余地は大分あり、随ってなお推敲を重ねて見たき点は多々ある。けれども本案の如き不戦の大目的を主眼とする考案は、丁度国際聯盟規約二十六ヶ条に就いても同様に感ぜらるるが、むしろその考案の全体に就いて利害を較考し、法律的よりも政治的眼孔から、その是非を大局的に判断するのが本当であろう。随って私は、これを第一議会において否決せしめたくない。私はこれに修正を加えて是非共成立せしめたく、又今後双方十二分に意見を交換したならば、必ずや適当の妥結に到達し得べしと確信する。そもそも日米間にこの類の平和保障条約を締結するの必要あること、又今日はその好潮合なることは、私の贅言を俟たずとも内外識者の必然肯定する所であろうと信ずる。今幸に上叙の如きショットウェル案があるのだから、これを研究の基礎的資料とすること最も妙であろう。私は切に我国の識者がこれに就いて研究討議を進め、その結果を率直に、明晰に、而して真剣に、ショットウェル教授その他米国の同感者の前に開陳し、相互の共同研究に移り、而して後双方意見の合致した所で、両国の恒久平和保障のために一斉に起ちて各自の国論を動かし、政府を動かし、遂にその実現を期するという順序に出でんことを切に希望する。かく試むるにおいて、私は吾等の努力が決して空に終らざるべきことを固く信じて疑わぬのである。

第六章　米国の仏国その他との不戦条約交渉経過

米国政府の第一回対仏通牒

仏国外相ブリアンが昨年四月六月に米国聯合通信社を通じ、始めて不戦条約の慫慂を米国に試みて以来の米国における反響は、既に第四章においてこれを叙した。然らば本問題は、その後米仏両国政府間において如何に発展せしやというに、ブリアンは右慫慂を試みてより間もなき同年六月、在パリ米国大使ヘリックを通じ、米国政府に向って非公式的に「仏米恒久修好条約案」を送り、その考量を求めた。当事米国政府にありては、恰もジュネーヴの補助艦制限会議の準備に忙わしく、且つ不戦問題は先ず同会議の成行を見たる上のことにせんとの考えもあり、旁々仏国との交渉はむしろ第二位に置く風でもあったが、該会議の昨年八月遂に不成功に了るや、米国政府は仏国の提議を考慮するに意傾き、上院外交委員方面の意向をも探り、その主義上異議なきを確かめたので、大統領クーリッジは十二月六日の教書中において「政府は憲法の許す範囲内において国際的不戦条約を締結し、大いに平和政策の確立を期する方針なり」と記して交渉開始に意あることを示し、次いで国務長官ケロッグは、同十二月二十八日を以て在華府《ワシントン》仏国大使クローデルを招見して一片の覚書を手交し、これを本国政府に伝達せんことを依頼した。これが米国政府の第一回対仏通牒で、その要旨は左の如きものであった。

「去る六月仏国外務長官ブリアン氏より非公式的に予に伝達されたる『仏米恒久

修好条約草案』は、両国がその国民の名において凡ゆる戦争を非認し、戦争を以て国家政策の具となすことを排斥すべきことを厳に誓うと共に、両国間に生ずる紛争は、その性質及び原因の如何を問わず、その解決は平和的手段の外に途を択ばざることを約するにある。この提案に対し深甚なる考慮を払える予は、この機会において米国民を代表し、外相ブリアン氏を通じて表白されたる仏国民の高潔なる友情に対し深甚なる同意を表する。米国政府は、戦争を禁遏し仲裁に対するその確信を新たに誓約せんがため世界の各国政府と協力し得る総ての機会を歓迎し、且つ干戈を排除する各種の条約を提起するは世界平和を具体的に促進するものなりと信じて疑わない。予が一九二七年十二月二十八日付を以て貴下に送れる通牒中に提案せる一九〇八年の仏米仲裁協約に代るべき新仲裁条約は、右の見解を具体的に表現したものである。新条約は旧協約の範囲を拡大し、両国の歴史的親善関係を断じて破棄することなきよう、両国の強固なる決意を記録せんとするものである。しかも予は、仏米両国のみが不戦の宣言をなすに止まらず、進んで世界の列強をもこれに加うるを得ば、世界平和に対し更にヨリ意義多き貢献をなすものなりと思惟する。かかる列強間の不戦宣言にして幸に実現せんか、世界各国はその範に倣い、漸次この約束に参加し、その完成を見るに至るであろう。故に米国政府は仏国政府と協力し、世界列強間の不戦条約締結に努力せんとするの用意を有する。」

即ち米国の意向は、仏国案が米仏両国間限りの条約にせんとするに反し、これを他列国にも推し拡め、一種の仲裁条約網を世界の上に作らんとするにある。これは上院外交委員長ボラーの意見に因ったものと思われる。ボラーは、多辺的不戦条約はいやしくも国際聯盟の目的が戦争にあらずして平和にある限り、決して聯盟規約と撞着せざるのみならず、仏国とのみの不戦条約は仏国と一種の同盟を結ぶに類し、米国の国是に反すとの見解を抱くようである。この見解の当否は措き、とにかく右の通牒に接したる仏国政府は、米国の意向は自国の当初の期待と大分離るるものと見た。

仏国の回答

されど仏国政府が右に対し、一月六日を以て在米クローデル大使を通じてケロッグに送りし回答においては、正面よりこれを拒否せず、一応米国の本件賛同に向って謝意を表すると共に、「仏国政府は仏米両国間に総ての侵略的戦争を禁止する条約を取り結び、両国調印の上はこれを世界各国に通牒して各国の参加を勧誘するに意あり」との旨を申し述べた。

米国の第二回通牒

然るに米国政府は、仏国が本条約を先ず米仏間に締結し、然る上にて他列国に向ってその参加を促さんという順序と、非認すべき戦争を侵略的のものに限定することとの二点に就いて満足しない。さればケロッグは仏国大使に対し一月十一日を以て、不戦の範囲を侵略的戦争のみに限定せんとする仏国側の意向に対する米国の反対理由を詳述し、総ての戦争を非認するの要を力説し（これは耳触りの好い語であるが、実は前に掲げたショットウェル案にても窺われる如く、又後段に述ぶる米仏新仲裁裁判条約においても見るが如く、米国とて平和的解決の附議事項より国内問題やモンロー主義に関するそれを例外するのだから、決して「総ての戦争を非認」するのではなく、いささか体裁のよすぎる言葉である）、且つ仏国側が本条約の締結を先ず米仏両国間のみに限らんとするを排し、初めよりこれを米仏英独伊日の六国間の多辺的条約案として交渉を開かんことを提議したる要領左の如き第二回通牒を発した。

「米国政府は、仏国政府が最初ブリアン氏に依り二国条約の提案をなしたるに拘らず、上叙の如く総ての国に依りて調印せらるべき均一の多辺的条約案を世界の主要国間に交渉すべきことを原則において認めんとせることを深く満足とする。然るに仏米両国政府が条約案を多辺的のものとなすことにおいて密接に一致するに至りたる他の一方において、本年一月五日付のブリアン氏の通牒に用いられたる文言は、二個の点において本政府の思想に合致せざる別解釈の下さるべき余地がある。

「第一に、貴国政府の意向は、提案の多辺的条約を先ず仏米両国間のみにて調印し、然る後他の列強に提示し、その受諾を求めんとするに在るものと解せらる。米国政府の意見に依れば、或る条約案が仮に仏米両国に取りて受諾し得るものなりとするも、他の列強中の一に取りては何等かの理由に依り受諾し難きことがあり得る。かかる場合には、同条約は実施することを得ず、随って仏米両国の現在の努力は全く無駄とならざるを得ない。のみならず、一国政府が該条約案を確定的に承諾するに先だち、関係国政府間に用語上に意見の不一致を来たすことありとするも、そは必ずしも本件の不幸なる流産を招くものとは限らない。なぜならば、関係各国政府の意見が非公式の予備的討議に依り融和され、而して関係各国政府全体に依りて受諾さるべき条約文が考案され得ることは考え得らるるからである。仏米両国は共に平和促進の努力の成功に深き熱意を有するが故に、関係列強と不一致を来たすの虞《おそれ》ある不必要の危険を冒すことに依り、この目的の最終的成功を危殆に陥るるが如きは、到底忍び能わざる所である。随って予は、貴国政府並びに他の関係列強政府と協力し、提案の条約に使用せらるべき文言に関し予備的協定を行い、以て他の列強に対しその受諾し能わざる確定条約案を提示し、この全努力を不成功に終らしむるが如き危険を除くことに同意せらるべきを信ずる。

「第二に、去る一月五日の貴答は、仏国政府が戦争非認の多辺的条約を提議する件に関し米国政府と欣然協力するものなることを表明しながら、しかもこの種の条約の範囲は侵略戦争に限定せらるべしとしてある。然るに昨年六月、貴国政府が予に提示し、且つ十二月二十八日の拙信中においてもこれを主題となした所の条約案中には、この種の条件もしくは制限は全然包含せられてなかった。のみならず、これと反対に、右の条約案は、締約国が国家政策の具としての総ての戦争を拒否すべきことを明瞭に規定したものである。

「予は未だ貴国政府がこの原提案の変更を提議するに至りたる理由を承知し居らざるも、予はその理由が別に特別の意義を有するものに非ざること、随ってこれを以て仏国政府が米国政府の提議に不賛成を唱うるものに非ざることを深く希望する。もし貴国政府にして如上概説する所の計画に同意し、提案の多辺的条約の諸条項を更に討議するにあたり、ブリアン氏の昨年六月提議の原案を以て討議の基礎となすべきことに賛成せらるるにおいては、予はここに仏国政府が米国政府と協力して英独伊日の四国政府に対し、ブリアン氏の原提案の正文、並びにその後において仏米両国政府間に交換されたる文書の写しを該諸国の考慮並びに批評のため移牒すべきことを提議するの光栄を有する。但しこれ等の予備的討議は、確定的条約の締結に至るまで何等参加各国政府を拘束すべきものに非ざること勿論である。」

右に対し仏国政府は、その在米大使を通じ一月二十一日を以て米国政府に致せる再度

仏国の再回答

の回答において、米国の主張せる多辺的条約の容認し難き次第を披陳したるが、米国国務長官はこれに対する回答として、二月二十七日付にて同大使に宛て重ねて要領左記の意見を送附し、仏国の主張する侵略的戦争限定の不徹底なること、多辺的条約締結の合理的なることを高調し、仏国の再考を求むる所あった。

米国の第三回通牒

「昨年十二月二十八日及び本年一月十一日の拙信中において述べたる提案を、仏国政府において無条件にて受諾することに対する唯一の実質的障碍は、仏国が国際聯盟の一員として、将た又ロカルノ協定その他の中立保障条約の調印国として、その現に有する国際上の諸義務を事実上干犯することなくして、果して米国その他の世界主要列国と不戦の協定を成し得るや否やの疑問にありと思わる。予は仏国が現在負う所の条約上の諸義務を公式に解釈せんと企つるものに非ざるも、唯だ仏国のこれ等国際的義務にして、ブリアン氏が昨年六月予に提議し、更に去る一月二十一日付貴信中において再び提議されたが如き一条約を仏国が米国と締結するの意味に解釈し得るならば、如上の国際的諸義務は、また仏国をして米国と共に世界の他の主要列国との間に右と同一性質の多辺的条約を締結するを妨げざるものと信ずる。国家政策の具としての戦争を無条件的に排斥するを目的とする条約を二国条約の形式にするか、将た又多辺的条約の形式にするかは、要するに程度の問題で、本質的の差異ではない。この程度の二国条約を締結し得る政府は、同様の程度において右と同一の多辺的条約を締結し得べきはずである。なぜならば、国際聯盟の加盟国が集団的になし得ざる事柄を個別的になし得ることはほとんど不可能なるが故である。故に予は、米国と単独に無条件的不戦条約を締結するに障碍なきことを容認する貴国政府が、世界主要列国と同一の条約を締結することもまた同様に国際聯盟の加盟国たる事実と矛盾せざるものなりと納得せられんことを衷心より希望する。然しながら、もし国際聯盟加盟国が聯盟規約の条項に違反することなくして、各々の間並びに米国政府との間に国家政策の具としての戦争を排斥するの件に関し意見の一致を来たし得ざるものありとせば、無留保的に戦争を排斥する条約案を討議することは、問題の条約が二国間のものたると多辺的のものたるとに論なく、畢竟無用の業であろう。しかも予は、国際聯盟規約の規定が戦争を廃棄せんとする共同の努力に関する米国と国際聯盟加入諸国との協力の真の障碍となり居れりとは信ずる能わず。この点に関し極めて興味ある事実は、最近米大陸諸国の第六回国際会議〔謂わゆる全米会議のこと〕において、その相互間に戦争を国家政策の具として用ゆることを無条件的に非難する一の決議が成立したことである。同会議に参加せる二十一ヶ国中、その十七ヶ国は実に国際聯盟の加盟国であったという事実は、特にこれを指摘して置きたい。故に仏国並びに他の聯盟加盟国も、国家政策の具としての戦争を無条件的に断然廃棄することは、聯盟の規約に背きもしくは国際聯盟の根本的理想と目的とに矛盾するものとの断案は下し得ざるものと予は信ずる。むしろ世界大国の全部、結局は全世界の国民が、ことごとくこの種の不戦条約を正式に締結すれば、国際聯盟自身が抱懐する平和の大理想を増進する上において最も有効なる手段であると当然に結論したい。

「将た又列国が不戦の宣言をなすに際し、同時に侵略国なる限定を附し、各国が当然宣戦し得る除外例や条件等を規定することあらんか、折角の不戦宣言もその効果はすこぶる薄弱となり、平和の保障としての積極的価値は事実上皆無となろう。貴彼両国政府が誠心誠意且つ前途多大の望を嘱して不戦条約の締結に努力するや、両国の理想は期せずして世界の視聴を惹いた。然るに今もし、両国政府にして徒らに理屈に拘泥し、共同の努力の真意義を毀損すること甚だしき留保条項の存置を主張せんか、これ唯だ単に両国政府の無能を表白し、人類一般に対し甚大なる失望の念を与うるに止まるべしと感ぜざるを得ない。人道並びに文明の広き見地よりこれを見れば、戦争はことごとく人類社会の安定を覆す攻撃と看做すべく、人類共同の利益のために宜しくこれを廃止すべきである。米国政府は戦争の廃止を希望し、仏英伊独日の諸国政府と先ず相互に開戦せざることを約する単一多辺的条約を締結するの用意を有する。且つこの単一多辺的不戦条約は、先ず米仏英伊独日六ヶ国間に締結せる後、世界各国もまたこれに加入し得るものである。かかる条約に使用さるる厳密なる用語の如きは、戦争廃止に対する締約国の決意が明確に示されさえすれば、米国としては深く問う所のものでない。」

米仏新仲裁裁判条約の調印

米仏両国間における上叙の押問答は、当初予期したる不戦条約の成立を迅速に期待する能わざるに至らしめたがため、両国政府は差し当り近く満期となるべき一九〇八年二月十日調印の仲裁裁判条約を基礎とし、これにブライアン条約の調停制との関係を調節する条項を加味し、且つ不戦に関する原則的の希望を前文に載せ、この方針の下に該仲裁裁判条約の更正を行うことに交渉を進め、その結果、新条約は二月六日華府《ワシントン》にて調印せられた。この二月六日という日は、今より丁度百五十年前の同日、新独立の米国十三州を代表せるベンジャミン・フランクリンがパリにて仏国との間に始めて修好通商条約に調印したという歴史上記念の日なるに顧み、特にこの因縁深き日を択んで今回の新条約の調印を行ったのだとある。

この新仲裁裁判条約を邦訳すれば、概要左の如くである。

米国大統領及び仏国大統領は、既往一世紀以上幸に両国間に存在する平和関係に何等阻礙を生ずることなからしめんと決意し、両国間に生起することあるべき一切の附訟的争議を公平なる裁定に附することの方針を固執することを重ねて証言せんと希い、両国の相互関係の上に戦争を国家政策の具とすることを排斥するの意を示すのみならず、国際紛争の平和的処理に関する国際協定の完成に依り世界各国間に戦争の可能性を永遠に廃滅せしむるの時機を促進せしむるの範例を示さんと熱望し、一九一四年九月十五日ワシントンにて調印せられたる条約〔ブライアン平和条約〕の以て米仏両国間の紛争の解決を容易ならしむるものたるに鑑み、すなわち一九二八年二月二十七日を以て満期となるべき一九〇八年二月十日ワシントンにて調印の仲裁裁判条約の範囲を拡大し、且つ仲裁裁判の応用を増進せしむべき新仲裁裁判条約を締結することに決定し、ここに米国大統領は国務次官ロバート・イー・オールズ氏を、仏国大統領は米国駐箚特命全権大使ポール・クローデル閣下を各《おのおの》その全権委員に任命せり。よりて各全権委員は互いにその委任状を示し、その妥当なるを認め、以て左の諸条を協議決定せり。

第一条　両締約国間に生ずることあるべき国際紛争にして、尋常の外交手続に依りて解決する能わず、且つ相当の裁判廷にこれが救済を求めざりしものは、その性質の如何を問わず、総てこれを一九一四年九月十五日ワシントンにて調印せられたる条約の規定に依り構成せられたる国際委員会の審査に附し、その報告を俟つべきことを約す。

第二条　条約その他に依り締約国の一方より他の方に対する権利の要求に関する一切の国際紛争にして、外交に依り調理するを得ず、又前条の常設国際委員会に附議するも調理するを得ず、唯だその性質上衡平の原則を適用することに由り裁判するを得べきものは、一九〇七年十月八日の条約に依りハーグに設立せられたる常設仲裁裁判所、又は特別協定に依り必要に応じて定めらるべき他の権限ある裁判所に附議すべし。その特別協定は裁判所の権限、係争の論点、その他必要なる事項を限定すべきものとす。

右特別協定は各個の場合に、米国にありては米国上院の協賛を経て大統領において、仏国にありては仏国憲法の定むる所に依り取り極めらるべし。

第三条　本条約の条項は左の事項には適用せざるものとす。

(甲)　各締約国の国内管轄問題。

(乙)　第三国の利益を包含する問題。

(丙)　米大陸問題に関する米国の伝統的態度、即ち普通にモンロー主義と称せらるるものの維持に関し又はこれを包含する所の問題。

（丁）国聯盟規約に依り仏国の負う所の義務の遵守に関し又はこれを包含する所の問題。

第四条　本条約は、米国にありては上院の助言及び同意に遵拠して大統領に依り、又仏国にありてはその憲法の条規に遵い、各《おのおの》これを批准すべし。批准は成るべく速やかにワシントンにおいてこれを交換し、且つ批准交換の日を以て効力を発生すべし。

本条約は締約国の一方が他の一方に対し、文書に依る一ヶ年の予告を与うるに非ざる限り引き続きその効力を有すべし。

踰《こ》えて正に一ヶ月なる三月六日、米国上院にては秘密会議において、且つ甚だしき反対意見もなく、この批准に同意を表決した。仏国の方は、本稿執筆の際には未だ聞く所ないが、近く批准を見るに相違なかるべしと思わる。

この新仲裁裁判条約は、前文において戦争非認の意を高調せること、旧条約においで附訟事項を専ら条約の解釈その他法律的事項に限れるに反し、一切の紛争にこれを及ぼせること、及び紛争の処理を仲裁裁判に仰ぐに止めず、司法的解決及び調停委員会への附託をも認めたることにおいて、確かに一進歩と云えよう。けれども他の一面には、旧条約においては適用の除外例を「緊切なる利益、独立、及び名誉」と「第三国の利益に関するもの」とに限れるに、新条約においては「緊切なる利益、独立、及び名誉」は削除したるも、その代りに「国内管轄に属する事項」及び「モンロー主義」を挿入したる点において退歩であると論じ得られぬではない。さりながら、国内問題とモンロー主義のことは、これに関して紛争起った場合には、よしんばこれを条約の明文に掲げてないとしても、米国は当然その除外を主張するに極《きま》って居るから、結果においては明文に掲ぐるも掲げざるも同様で、随ってこれを新たに挿入したことが、必ずしも一概に退歩を以て論ずべからざるやにも思う。

「国内問題」と仏国

のみならず国内問題なるものは、仏国の如きにありては格別の問題とならない。否、仏国としては、これを除外例に掲記することがむしろ利益なりと見るべき理由もある。これが仮に日米間の条約の上における除外例であって見ると、たちまち例の移民法問題に引懸り、我国としては甚だしき不快と不便と不当を感ずる所の刺《とげ》多き論争たるを免れないが、米仏両国間にありては、例えば移民問題を国内問題として除外するにしても、これに関しては両国の利害全く一であるから、格別不快の感も不当の論も起らない。米国が日本人の入国を全然国内問題として取扱い、全然自国主権の下にこれを律せんと欲すると同様に、仏国はお隣りのイタリアから殺到する移民をば、同じ理由と方針の下に厳に取り締まらんとする。そこに利害の一致点がある訳で、随って謂わゆる国内問題の関する限りにおいては、仏国の対米関係は我が日本のそれと全然立場を異にするから、この点の除外例は、米仏両国間にはさしたる問題にならないのである。

唯だ然しながらモンロー主義の挿入は、専ら米国のみの利害に係ることを片務的に規定したものであるから、対等条約の形式として面白くないのは勿論で、この点において強いて退歩と云えば云えぬでもない。

その後の米仏交渉

かくの如くにして米仏両国政府は、二月六日を以て取り敢えず従来の仲裁裁判条約に代るべき新条約に調印はしたが、爾来根本の不戦条約案件はなお打ち切られず、すなわち米国国務省は二月二十七日を以て更に在華府《ワシントン》仏国大使を通じて仏国政府に通牒を発し、仏国が主張する侵略的戦争のみの非認を一切の戦争に及ぼさしむるの希望と、且つ自国の主張する多辺的条約の維持とを力説し、以て仏国の反省を切偲する所あった。これに対する仏国は依然自説を固持するか、将た何等妥協的に出づるか、その決定的態度は、本文起草の際にはなお明瞭でなかった。

仏国の立場

想うに国際聯盟加入国中、ロカルノ協定の調印国は、同協定の関する限りにおいては侵略的戦争の生起を非認するも、同協定の範囲外にありてはその可能性を肯定し、随って彼等は、自然聯盟規約に由るこれが制裁義務を重要視するの立場にある。仏国はその対外政策の一基調として、現に国際聯盟を尊重しつつあるから、米国との間に不戦条約を締結するにあたりても、非認の範囲を侵略的戦争に限らんと欲するのは怪しむに足らない。且つ又仏国から見れば、米国との間には現下何等の戦因なく、随って米国と開戦するが如き危険は差し当り実在しないから、これと不戦条約を結ぶに何等懸念はない。が、その危険絶無とは信ぜざる他の国との間に、多辺的にしてしかも一切の戦争非認に依り、米国との間におけると同様の拘束を受くるにおいては、聯盟規約及びロカルノ協定に依りて要求するを得べき応援を自ら抛棄するの不利な結果となるから、仏国としてこれを受諾するに躊躇することは一理なくもない。仏国は一面には聯盟国として規約第十六条の制裁参加義務を負うに拘らず、他面米国の主張するが如き一切の戦争に加わるを得ざる条約に調印するのは、明らかに矛盾行為であるから、この点において米国の主張をそのままに納得し得ざるは当然と云わねばなるまい。

米国の譲歩する場合

故にかく相扞格する双方の論点を帰一せしむるには、何等かの折衷的妥協案を産み出すか、米仏いずれか対手に譲歩するか、の外に道はあるまい。今後幸に妥協案が出で、それに双方の意見が纏まれば、これに越したことはない。けれども妥協の妙案なしとすれば、先ず米国が仏国の前に譲歩することを考えて見る。即ち米国において、その非認すべきは侵略的戦争に限ること、又その条約の形式は、多辺的としないで放射的とし、これを仏国、日本、その他列強との間に各別に取り結ぶとする。これに対し米国として特に不利益を感ずべき点があろうか。或いは侵略的戦争なるものの範囲性質を決定するは困難なりとの説もあろう。現に最近国務長官ケロッグは、三月十七日に非公式的に発表したる一声明中において、「侵略なる文字の解釈に就いては将来種々の紛議を醸し、随って国際平和を攪乱するの虞《おそれ》があるから、米国は不戦条約を侵略的戦争に限定することに反対なり」と記した。けれども今日においては、侵略的戦争なるものの範囲性質を決定することは、少なくも理論の上においては格別困難を感じない。即ち正当防衛戦と国際規約の命ずる義務的戦争以外の戦争は、挙げてこれを侵略的戦争と認めて不可ない。往年の平和議定書には、侵略国を「聯盟規約又は本議定書に掲ぐる約束に違反して戦争に訴うる国」と定義した。ロカルノ協定及びショットウェル案には、特に侵略国の定義と認むべき条項は無いが、その精神から推して同様に解せらるべき文言はある。勿論箇々の実例において、如何なる点を的確に捉えてそれを侵略行動と認むるかは、時に困難なる場合もあらんが、それは特定の裁定機関、例えば聯盟国間にありては理事会の決定に委ぬるの外ない。この点において、何等裁定機関のことを規定せざるショットウェル案は、いささか足らぬ所ありと云わざるを得ないが、大体は常識にて判断し得られぬではない。もしそれ何を以て正当防衛とするかは、ロカルノ協定及びショットウェル案の条項から明らかに裁断するを得るから、その解釈に不一致を来たす虞《おそれ》は先ずあるまい。仮に米国側にしてかく譲歩をなすにおいては、米国は事実において国際聯盟に加入した場合と同様の権利を享有し、しかも応援義務はこれを負担しないから、聯盟の加入は憲法が許さずという従来の聯盟非認の態度と矛盾することなしに、両々相俟って共に国際平和の完成に寄与するの効を示す訳である。

仏国の譲歩する場合

然るに米国にして依然従来の主張を固執し、仏国の前に以上の譲歩をなすことが不可能とあらば、仏国が米国に譲歩するのはどうであろう。この場合においては、少なくも法律的矛盾を避くべき仏国の立場を斟酌し、不戦条約と国際聯盟規約第十六条との牴触を避けしむるため、仏国（その他米国との不戦条約調印国）が国際聯盟に向って第十六条の規定を厳粛に履行せずとも可なることの諒解を求むるにある。これに類似の先例、即ち第十六条所定の制裁に附随する兵力使用の規定に就いて例外を認められたものにスイスがある。スイスは一八一五年三月二十日のウィーン宣言で列国に依りその中立を保障せられてある。随ってスイスは、他国と相結んで兵力を外に使用するというは穏当でない。さりとて同国が既に聯盟に加入する以上は、聯盟規約の違約国に対しスイスのみが独り超然高く持するということは、聯盟の利益のみを享有せしめて義務を免除することになり、聯盟規約の明文精神共に許し難しとする所である。強いて説を立つれば、スイスが国際聯盟に加入するの瞬間において同国の中立保障の条約は聯盟規約第二十条に依り廃棄せられたものと論じ得られざるに非ざるも、スイスの永世中立は欧洲国際政局の実況に照し今なお関係各国の望ましとする所である。そこでこの調和を如何にすべきかに就いて意見交換の末、一九二〇年二月十二日の第二回聯盟理事会において、これが調和策として、大要「スイスは国際聯盟がその違約国に対して要求することあるべき通商上及び金融上の措置に共同するの義務は勿論、その他聯盟加入国がスイスに要求する一致協同の義務を承認宣明し、如何なる事情の下にありても、よしんば国際聯盟に依りて実行せらるる行動中においても、その領土を防護するに就いて一切の犠牲を払うを辞せざるも、何等軍事的行動には干与せざるべく、将たその領土内に外国軍隊の通行もしくは軍事的行動の準備はこれを許さざるべし、との旨を声明し、而して聯盟理事会はこの声明を承諾するにあたり、スイスの永世中立、並びに国際法殊に一八一五年の条約及び議定書の承認するその領土不可侵の保障は、一般的平和の利益に顧みて肯認せらるべく、随って右は聯盟規約と両立するものなることをここに承認す」との決議を見るに至ったのである。今これに則り、国際聯盟より仏国その他不戦条約の調印国に向って右に類似する一種の諒解を与うる

最賢明なるは米国の譲歩

米国の我国に対する交渉

ことが出来れば、それにて辻褄の合わぬことでもない。

しかも一番賢明なる措置は、米国が仏国の前に譲歩するも、そは米国として実質上利あればこそ特に害あるを見ないから、宜しく米国が大雅量を以てこれに譲歩するにあろう。米国にしてそれは自国の体面上能《で》きぬとあらば、世界の輿論は米国が国際協力の前に余りに自己執拗なりとの議を下すも、いささか弁解の辞もないようである。

因みに記す。本文脱稿後、三月三十一日パリ発聯合通信は、仏国政府は同日を以て米国政府に対し、不戦条約の適用範囲を侵略的戦争に限らんとする従来の主張を抛棄し、同条約を多辺的のものとなすことに同意すとの旨を回答したとある。尤もこれに附帯する二三の条件として同時に報せられたものの中には、右の譲歩を打ち消すような文句もありて、電文やや明確を欠くやに感ずる。

他の一方において、米国政府は日米仲裁裁判条約が本年八月二十四日を以て満期となるに鑑み、この際我国との間に新たに仲裁裁判及び和解に関する条約を締結せんとの趣旨で、国務長官ケロッグは昨年十二月二十一日、在米松平大使に向ってその意を通じ、条約案を送致した。然るに、これは謂わゆる多辺的不戦条約で、しかも迅速にその成立を期すること困難なるに顧み、米国政府はその不戦条約案に包含せらるる趣意を酌み取り、仲裁裁判及び和解に関する各別の条約案を以てこれに代ゆるの意見となり、その両条約案を去る三月十五日、ケロッグより改めて松平大使に手交したとなる。この両条約案中仲裁裁判に関するものは、最近に米仏両国間に成立したるそれと内容は同一の由で、又和解に関する条約案は、往年のブライアン平和促進条約を基礎としたものと聞く。米国が他国との間に現に有する仲裁裁判条約中、我国とのそれに前後して満期となるものは、英国（六月二十三日）、ノルウェー（六月二十四日）、ポルトガル（十一月十四日）の諸国があるから、同様の提議は必然他の当該諸国政府に向ってもなさるべく、随って関係国は、いずれも互いに当該各国政府の態度を見究めた上自国のそれを決するであろうが、細目は別とし、主義においてはいずれも格別の異議なかるべく、大要米仏間のそれに倣ったものが遠からず成立するに至るべく、又和解条約としても、我国が往年ブライアン条約成立当時これに加わらなかったのと今日は時勢を全然異にして居るから、我国としては今回はこれを拒絶する理由もあるまい。

第七章　不戦条約に対する疑惑又は非難

不戦条約に就いては、我国にも相応に反対論がある。今その論拠を大薩《マ》張《マ》りに摘記して見ると、

その第一は、不戦条約を不必要としての反対論である。この反対論の一理由とする所は、日米の外交関係は今日不戦条約を必要とするほどの不安状態にない、それにも拘らず、ことさら不戦の約束などせんとするのは、謂わゆる白昼に灯火を点し、土用に防寒服を持ち出すの類でないかというにある。私はそうは見ない。成程日米の外交関係は、今日さほどに不安状態にはあるまい。が、今日の不安状態でないことは、以て必然的に明日の同様を保障し得るか。日米間には今日国運を賭して戦わねばならぬような戦因は無い。けれども、一朝の激情や、戦争に依りて一儲けしようという輩の鼓吹に由り、真個の戦因なきに偶然的の引懸りで、国を開戦に陥れる事例は、古来枚挙するに遑《いとま》あらずで、今後とても、又今日不安状態に在らざる日米間にありても、その絶無は断じて保障し得られない。故に国際関係が現に不安状態にないからとて、その故を以て不戦条約を不必要と見るのは、私の与せざる所である。白昼でも、稀には予期せざる暗雲猛雨の下に灯火は要る。土用の折にも、悪感に冒さるれば浴衣の上に縕袍を重ねることもあろうではないか。

その第二は、米国との間に不戦条約を取り結ばずとも、米国をして国際聯盟に加入

米国の聯盟加入が捷径という説

せしむれば可《よろし》いではないか、それが不戦の捷径であるという説である。

これは確かにその通りである。米国を対手とする不戦条約問題は、我国でも仏国でも、米国が畢竟国際聯盟に加入して居らぬからである。米国にして吾等の希望するが如くこれに加入すれば、不戦条約の必要が無くなることは勿論である。けれども、繰り返すまでもなく、米国の聯盟加入は今後いつのことか、吾等には判らず、米国自身とても恐らくは判るまい。米国はこの両三年来聯盟主催の諸会議に参加し、又昨年はその主催せる補助艦制限会議を特に聯盟本部所在地たるジュネーヴに開き、又聯盟事務局には米国人が少なからず従事し、又ロックフェラーの如きは聯盟図書館の建築に二百万ドルを寄附し、その他米国と聯盟との関係において、近時著しく接近の風あるは明らかに認められる。けれども、これは要するに一の協力政策の発露に止まり、未だこれを以て米国が聯盟加入に意が傾いたとか、加入の方針に一歩を進めたとかを証するものとは認め難く、否、そう認めしむるには却って反対の事実が無くもない。随って米国の聯盟加入ということは、今日の所近き将来においてその実現あるべしとは断言し得られざるのみならず、実は想像もつかぬのである。世人往々米国の加入は時の問題のみ、遠からず加入するに相違なし、と見る者もある。或いはそうかも知れない。けれども先きのことは、当てになる見込みのあるものでも、実は当てになるものでない。故にその実現を見るまでは、全然未知数として立論するのが安全である。随って本条約の代りに米国をして聯盟に加入せしむれば可《よろし》いというが如き議論は、実際問題としては成り立たぬもので、言わば狸の皮算段と択ばない。

米国の不戦提唱の動機に対する疑惑

第三には、米国の不戦条約を提唱する動機に就いての疑惑である。

初め仏国外相ブリアンが米国民に向って不戦の協定を慫慂した時、米国の新聞紙中には、彼の提議を以て仏国のジュネーヴ軍備縮小会議不参加に由る面白からぬ対外関係を塗抹するの意に出でたとか、戦債協定の未批准に関する不人気を他に一転せしむる魂胆であるとか論じたものがあったことは前に述べた。これと同じく、米国が不戦条約問題を我が政府筋に提議するや、米国はこれを以て我国を不戦の約束に封じ込まんとの趣意ならんとか、海軍大拡張に依りて我国を威圧せんとしつつある米国が、平和の美名を掲ぐる不戦条約を高調するなどは眉唾ものであるとか論ずるのをしばしば耳にする。共にことさら色眼鏡を掛け、ことさら邪推的に対手の腹を揣摩するもので、断じて正しき視方とは云えない。

対手の提案の動機又は魂胆をば、我方が胸裡において測量し、又は楽屋内にて種々想像を闘わすのは、強いて止めんとするも能わざる所で、又止むるにも及ばぬことであり、差問《つか》えないことでもあるが、その提案の是非を判定するには、宜しく提案そのもののメリットに就いて検討すべきで、何もその背後に潜む動機や魂胆などに拘泥するの要は無いはずである。国際案件として対手の提議を取捨するには、常に提議それ自身の価値を正視するのが望ましく、又それのみで充分である。対手の肚裏をエックス光線で見届けた上ならでは交際せずとありては、人は世に立てない。それと同じく、対手国の腹の底を一々解剖して掛からねば、その言に耳を傾くべからずとありては、国は孤立するの外なく、国際平和の維持も、国際政治の向上も、到底期して望むべからずだ。不幸にして我国は、千載の久しき世界と懸け離れて孤立し来たったがため、国として潔癖を有し、狷介性を有し、偏狭質を有するに至った。この国民性を有するよりして、対手国が好意を示せばこれに惚れることも早いが、一再狡い目に遭うと、最早や先方を容易に信じないで、先ず猜疑の眼でこれを見るという習癖がある。この弊を匡正するのでなければ、吾等は大国民にはなれない。

不戦の提唱と海軍大拡張

米国政府が明年度以降、七億二千五百万ドルの巨費を投じて七十一隻の新建艦を要求せんとしたる海軍大拡張は――それは最近の下院海軍委員会において一千九百万ドル、新艦十六隻の承認という大削減の査定を受けたが――一体全体誰を目標とし、誰と戦う積りにての計画であるか、吾等の全然不可解とする所であるが、そは別論として今措き、一方にかかる海軍拡張を孜々計画する米国が、他方不戦条約をば、しかもその海軍の擬想標的と目する所の我が日本――これは米国として秘するにも及ばぬ公然の事実である――との間に取り結ばんとするのは、明らかに一の大なる矛盾であるに相違ない。如何に米国のために弁護して見ても、その矛盾は到底否定し得ない。不戦条約問題は昨秋以来我国の識者間に真面目の研究問題となり、賛成者も次第に加わり、平たく云えば、熱が大分高まって来た。然るに本年一月中旬、米国海軍当局者の右大拡張の大計画の入電があって以来、我国における不戦条約熱は急に降下し、その問題に熱心なる識者も、一時これを国民の前に説くに躊躇する風となった。まことに困った話である。これは折角不戦条約を提唱して国際平和の現実の歴史の上に芳名を当然刻せしめ得べき米国自身のために深く遺憾とする所で、心ある者はいずれも感を同じうするに相違あるまいと信ずる。

米国の輿論の性質

今日の米国は、友邦を有りまま《ママ》に批評しては失礼であるが、忌憚なく云えば、最早やワシントンやリンカーンの米国ではない。米国の人口は今日大約一億で、内白皙人種は大約九千万と称されてあるが、その九千万は独、露、墺、匈、伊、ポーランド、スウェーデン、ノルウェー、ユダヤ各人種の混成で、昔のピュリタンの血を引ける分子とては何程もない。別して排日の発生地たる加州《カリフォルニア》の如きは、人口三百五十万の中、米人を親とするやや純粋の米人といえば僅かに百二十万、即ち全体の三割五分で、余は外国人又は外国人を親とする米人である。故にこの雑駁なる混合人種の今日の米国をば、特に他の諸外国と撰を異にする聖人君子国と思うのは大なる誤解である。然るに我国にては、米国といえば依然昔日の清教徒の純苗裔で出来て居る特別の高潔な国であるかの如くに誤想する傾きがある。この誤想は、米国の輿論の性質をややもすれば誤解せしむる原因ともなるのである。

そんな関係で、米国の輿論は、それが真の輿論に熱《ママ》するまでには、その間に矛盾も撞着もかなり多い。米国には、一方には熱誠なる平和主義者あり、人道論者もあると同時に、他方には突飛な覇道主義者もジンゴイストもあること、現に人々の目撃する通りである。勿論これは、あながち米国のみではなく、何れの国にもある言わば普遍的の現象と云うも妨げない。が、デモクラチックにして且つ雑駁なる混成人種の国には、それが殊に免れ難い。けれども社会の先覚者にして努力倦ますんば、結局は化して一の健全なる国論を形成せしむること決して困難でなく、又不可能でもない。不戦条約に関する公正摯実の輿論が米国の民心を支配するのも、さほど遠くはあるまいと信ずる。

仲裁裁判に対する我が不信

第四は、日米間の一切の紛争を仮に仲裁裁判に依りて決することに定むる場合に、その裁判には人種的偏見その他において故意に我国に不利の判決をなしはしまいか、という懸念で、即ち仲裁裁判なるものに対する我方の不信である。

この懸念には、我が国民としてこれを抱くに無理もない事情もある。仲裁裁判では、我国がかつて英仏独三国を対手とせる横浜神戸等所在元外国人居留地の家屋税事件で、明治三十七年にハーグの法廷において敗訴となって以来、いささかおじけがついた嫌いがある。尤も明治初年のペルー船奴隷解放事件（五年六月）に関し露帝の下したる裁定（八年六月）は、我国に有利のものであったが、これは現代の仲裁裁判とは別に見る方が可《よろし》い。

如何に仲裁裁判なるものを右の家屋税事件敗訴以来我が当局者が危ぶむかの一例に、こういうことがある。日英同盟が明治四十四年に改訂せられて第三回の新協約が出来るというその直前のことである（この改訂は英米両国間における総括的仲裁裁判条約案の当事の交渉に促されて起ったものである）、当時英国は、該条約のいよいよ成立を見るという場合に、それと日英同盟との関係如何を考究し置くの要あるを思い、我が政府に向ってこれに就いて予め内議に及んだ。即ち英米総括的仲裁裁判条約と牴触せざるように日英同盟協約を更正するか、将た或いは日本も該仲裁裁判条約に加入するか、の二案中そのいずれを日本は欲するかという内相談である。これに対し時の外相小村侯は、国家の死活に関するような重大事項までをも総括的に仲裁裁判に附するなどは面白くない、又そんな条約に我国が加わっても、実際に臨んでその効力が厳に保たるるかも疑わしいし、且つその条約に依る仲裁裁判官の多数は無論欧米人であろうが、そうであると文化の相違、人種宗教上の僻見などのため、我国は概して不利の地位に立つを免れない、故に我国としては、英米総括的仲裁裁判条約に加入するよりも、むしろ該条約との牴触を避くるように日英同盟を更正する方が望ましい、という意見を以て英国に答え、その方針で交渉を重ねたる結果、あの第三回同盟協約が出来たという次第である。

これに就いては、当時我方には誤解もあったようである。前にも述べた如く、当年の総括的仲裁裁判条約案は、国家の死活に関する重大事項までをも、是非とも仲裁裁判に附せよとしたものではない。唯だ月並の仲裁裁判条約にありては、紛争当事国自身が任意に重大事項と認定すれば、それで自動的に附訟事項より除外せらるるのであるけれども、総括的仲裁裁判条約にありてはその任意認定を許さず、必須的にこれを共同委員の審査決定に俟たしむるのである。これが月並の仲裁裁判と撰を異にする要点である。随って仮に当時我国が総括的仲裁裁判条約に加入したからとて、国家の死活問題がそのままに仲裁裁判の拘束を受くるという建前ではなかったのである。

更に又、文明の異同もしくは人種宗教等の偏見に由る不公正な裁定という懸念は、当時にありては必ずしも無理ならぬ所のものであったが、今日にありては、これまた一の杞憂に過ぎまい。将来我国が係争国の一となることあるべき仲裁裁判において、単に文明の相違や人種宗教上の関係でことさら不利な判決を我国に下すというような、そんな僻見の裁判官があろうとは思えない。現に国際聯盟設置の常設国際司法裁判所の裁判官は、徳望高く且つ各々の国において最高司法の職を行うに必要なる資格を有する者、又は国際法に堪能の名ある法律家中より、その国籍の如何を問わず選任したる独立の裁判官ということになってある。即ち何等各本国政府の政治的その他の勢力に支配せられざる保障の下に就任する所の、世界における斯道第一流の人物である。彼等とて人種宗教上の僻見に囚えられてことさら不公正な裁判をなすかも知れずと邪推すれば限りないが、それは余りに人を不信用視するもので、識者の与せざる所である。

不戦など到底実行不可能という論

第五には、外交は今日とても正義がその基礎でなく、国家本位の権略であるから、不戦条約などは到底実行の能《で》きるものでない、というような論である。

現代の外交を以て正義も人道もなく、依然権謀術数の表現であると見るのも、一つの見方であるに相違ない。けれども私は、これと全然見解を異にする。勿論今日の外交にも、権謀や術数の伏在することはあろう。否、時とすると確かにある。けれども、その故を以て外交は正義を基礎とせぬものなりと断定するのは、決して正しき断定とは称し難い。世の中には泥棒もあり詐欺師もあり人殺しもある。されど悪漢が跋扈するからとて、世間は詐欺やペテンのみ、交際に徳義も人情もあったものに非ずと云えば、而して実際そう信ずるならば、交際は全然能《で》きず、その人は一人の友をも得ないで一生孤立するの外ない。又世間は、決してそんなに片寄ったはずのものではない。外交とても、今日の外交を支配するものは一国の利害のみでなくして、実に国際の輿論である。国際の輿論を無視する国家本位一点張りの外交は、これを行わんとしても行えるはずなく、一時は行えるにしても長えに成功する理が無い。而して国際の輿論は、結局は個人の真心即ち天賦の本性を支配する仁愛の情、正義の念に一致するに至るものである。これは独り現代に限らず、過去千載二千載の歴史が反覆立証して秋毫の謬りなき所である。

僻んだ心や偏狭の眼には、他人でも他国でもことごとく悪党に見える。キリストが「心の清き者は幸なり、その人は神を見るを得べければなり」と云ったのは、移して国際関係の上にも適用するを得べき至言である。国の心を濁らしさえせねば、外交は決して不正義、不道徳の結晶とは映じないものと断言するも、事実を欺かざることと確信する。

最後に、米国が多辺的不戦条約を列国との間に取り結ぶのは、恰も米国が盟主とな

聯盟外の聯盟は面白からずとの説

りて国際聯盟以外に米国を中心とする一種の国際聯盟を作るもので、これでは米国の世界に君臨せんとする専横主義を助長するの結果となるのみならず、国際聯盟の権威をも傷つくるや大であるから、かかる計画はこれを打破するのが聯盟加入国としての我国の聯盟に対し忠なる所以であるとの説である。

この説には一理ある。聯盟以外に一種の聯盟を樹立せしむるが如きは、確かに現在の聯盟の権威を殺ぐに相違ないから、聯盟国としてはこれを避くるに若《し》くはない。さりながら、一歩退いて太ッ腹で考うれば、国際聯盟なるものは必ずしも現在加入国の専売特許とするにも及ぶまい。かつて米国の前大統領ハーディングは、League of Nations の向うを張って Association of Nations なるものの建設を唱道した。これは、今日の言葉で云えば、正に多辺的不戦条約である。けだしハーディングのこの提唱は、一面には政敵ウィルソンの鼻を明かし、他面には米国の世界第一主義を国際上に誇示せんとの匪望に出でたのであろう。稚気は愛すべきであるが、何もハーディングその人を傍若無人と罵るにも当らない。国際聯盟の主たる目的は国際平和の完成と国際協力の増進にある。いやしくもこの目的を達成するに就いて、別に国際聯合なり、その他一種の聯盟の出来ることが特に有害なりというのではなく、単に贅物という位のことに止まるならば、敢えて特別に歓迎するには及ばざるべきも、さりとてことさら打ち壊すにも及ぶまい。国際聯盟の権威は、それが現在加入国の一手販売であるが故に維持増進せらるるのではなく、畢竟は加入国の聯盟規約に対する忠実なる遵守心に依りて保たるるのである。この遵守心は、仮に目的を同じうする国際団体機関が他に今一つ出来たからとて、必ずしも減退するものではない。否、同様の機関がなお他に別在するようになれば、それに加入せざる一方専属の聯盟国間の一種の対抗気分で、その結束が却って固くなり、権威もまた却って加わるるに至ることをも想像し得るのである。よしんば一歩を譲り、聯盟以外の聯盟は面白くないから、是非共これを成り立たしむべからずというその注文は、専ら多辺的不戦条約に就いて云うことで、米国を中心とする放射的条約にありては、その懸念は著しく減ずる理である。もしそれ米国が盟主となり中心となるから気に喰わぬというのは、要は国際的嫉妬に過ぎない。米国が今日世界の最雄国の一であることは、好むも好まざるも事実として肯定せざるを得ない。而して国際政治が事実最雄国を中心として動くのは、これまた好むも好まざるも必然の趨勢である。我国もその実力においては世界の最雄国たるの地位を占むるの暁とならば、我国は敢えて求めずとも、自然に国際団体の盟主となり中心となるのである。他の雄国を嫉視するは、自ら省みてこれを凌駕すべき実力を養うの賢なるに若《し》かない。

補遺　米国の日英独伊四国へ不戦条約提議

本稿の印刷組込みがほぼ終れる四月十三日に至り、米国政府は我国及び英独伊の四国政府に向っていよいよ公式に不戦条約案を提議したことが翌十四日に公表せられた。この提議は数旬前より実は予期せられてあった所であるが、公然の提議に接するまではこれを本論中に掲ぐることも能《で》きなかったので、すなわち今改めてここに補遺とし、且つ本論に説述した所と重複せざるように、極めて簡単にこれに関して一言を附加する。

米国の右四国政府への提案は、内容いずれも同様のものと聞くが、今在本邦マクヴェー大使の我が政府に致せる提議として世に報道せられた所のものを見るに、先ず大要左記の照会で始まってある。

「最近仏米両国政府間においては、戦争を国際的に禁止せんとする問題に関し数回に亘り通牒の交換が行われた。両国政府の見解は、相互間に交換せられたる往復文書の上において明瞭に示されてある。米国政府は本年二月二十七日の通牒中において述べたが如く、戦争なるものの廃止せらるるに至らんことを希望し、締盟国が互いに戦争の手段に訴えざるの義務を課する単一の多辺的条約を仏英独伊日の各政府と締結し、然る後列国全部がこれに加入し得るの道を開かんとするの用意を有する。仏国政府は米国同様熱心に世界平和を促進せんとし、且つこの目的に対する実際運動に付き他の諸国と協力せんとするも、同時に国際聯盟、ロカルノ協定、その他各種の中立保障条約加入国が考慮せざるべからずと仏国政府の思惟したる若干の点を指摘した。然しながら米国政府は、これ等の点は必ずしも米国政府の提案に係る多辺的条約に対し修正を加うるの必要を生ぜしむるものとは認めず、却って世界の各国は自国の利害に世界全国家の利害を適当に考慮し、この種の単一的条約に加入し得るものとの意見を有する。しかのみならず米国政府は、仏英独伊日及び米国が厳粛に戦争を廃止する条約を締結し、且つ国際紛争はこれをことごとく平和的に解決すべき誓約を行うにおいては、精神上の大効果をもたらし、究極において他の世界各国もこれに加入するに至るべきを信ずるものである。

「故に昨今既に展開して一新時機に到達しつつある仏米両国間の交渉をして終局の成功を収めしむるためには、英独伊日の四国政府と新たに交渉を開き、四国が米国の提案に成る絶対的戦争廃止条約に参加する上においてその現在国際的義務がもし障害を来たすものとせば、その障害は如何なる程度に属すべきか、その決定を四国政府に求むることが必要なりと思惟する。これ等の事情の下に米国政府は、この手続に関し仏国政府と完全なる協定に達したる結果、本使はここに仏国外相ブリアン氏の昨年六月の最初の提案正文、並びに爾後仏米両国政府間において不戦を目的とする多辺的条約締結の問題に関し交換せられたる往復文書の写しを貴国政府に送致し、その考慮を求むべく公式の訓令を本国政府より受けた。本使は又本国政府より、米国が仏英独日の四国政府、並びに同様の意向を有する他の政府と共に調印するの用意を有する条約の形式を一般的に表示せる一の予備的条約草案を貴国政府に送致し、その考慮を求むべく訓令を受けた。本条約草案中第一条並びに第二条の条文は、ブリアン氏が米国政府に提議したる条約草案中の当該条文と実質的に同一である。幸に貴国政府が本使のここに送致するが如き条約の締結に対し、好意ある考慮を払わるる意向ありや、もし然らずとせば、本条約案に如何なる修正を施せば受諾し得るものとなるやを能う限り迅速に通告せらるるを得ば、米国政府のすこぶる欣幸とする所である。」

次に左の条約草案が添えてある。

米国大統領、仏国大統領、大ブリテン国皇帝、ドイツ国大統領、伊国皇帝、及び日本国皇帝は、各自国の元首として人類の幸福を増進すべき厳粛なる義務を有することを深く銘記し、

ただに各自国民間に幸に現存する平和的且つ友誼的関係を不朽ならしむるのみならず、全世界各国間に戦争を防止せんとする共通の希望に動かされ、

各国は国家政策の具としての戦争を非認し、且つこれを排斥して代ゆるに国際紛争を平和的に解決することを以てし、この旨を正式の行為に依りて確証せんことを希い、

全世界各国が前記六国の範に促され、この人道的努力に参加し、且つ本条約がその効力を発生すると同時にこれに加入し、各自国民をして本条約の規定に依る利益を享受せしめ、依って以て全世界の文明国が挙って国家政策の具としての戦争を排斥するに至らんことを望み、

ここに一条約を締結するに決し、この目的のために左の全権委員を任命せり。

（中略）

各全権委員はその全権委任状を交査し、これが良好妥当なるを認め、左の条款を商定せり。

第一条　締約国は国際紛争解決のために戦争に訴うるを非とし、且つ締約国相互間の関係において国家政策の具としての戦争を排斥すべきことを各国民の名においてここに厳粛に声明す。

第二条　締約国は各締約国間に発生することあるべき一切の紛争又は争議の解決は、その性質及び原因の何たるを問わず、総て平和的手段以外にこれを訴えざるべき

ことを約す。

第三条　本条約は前文記載の締約国に依り、各自国の憲法上の規定に従い批准せらるべく、而して各国の批准書が××〔批准寄託地〕において寄託を了したるときより効力を発生すべきものとす。

本条約にして前掲の方法に依り効力を発生したる上は、余の世界各国全部をこれに加入せしむるに必要なる期間、これに向ってその道を開き置くべし。一国の加入を立証すべき一切の書類は×国において寄託せらるべく、この寄託ありたる上は、本条約は新加入国と他の締約国との間に即時有効となるべきものとす。

×国政府は本条約前文所掲の各国政府並びに爾後の加入各国政府に対し、本条約及び批准書又は加入書の一切の証明附謄本一通ずつを交付すべき義務あるものとす。

×国政府にして右批准書又は加入書の寄託を受けたるときは、即時その旨電報を以て前記各国政府に通告するの義務あるものとす。

右証拠として各締約国全権委員は英仏両語にて作成せる本条約に署名調印せり。該両語の正文は同一の効力を有するものとす。

千九百何年何月何日　××において本書を作成す。

即ち前文の要旨は、締約国は国家政策の具としての戦争を行うことを非認し、国際紛争はこれを平和的に解決せしむべく、而して米仏英独伊日の六国間において本条約を成立せしめたる上は、余の世界各国が来たりてこれに加入せんことを希望するというにある。条約案の三ヶ条は、この要旨を条文体に書き綴ったものに過ぎない。この提案に接したる五国政府は、これを直ちに商議の基礎として折衝を進むるか、将た仏国は既に米国に向って自国政府の所見を開陳したる関係上、別に仏国案をも商議の基礎にせんことを関係国政府に申し出づべきか、それは今後の発展を見ることにし、いずれにしても不戦条約問題は、今や列国間の現実の交渉要件となるに至ったことは、国際政治の新趨勢として一段の注目に値するものである。

この六国中、米国以外の五国は現に国際聯盟加入の国であり、又その中の欧洲四国はロカルノ協定の調印国で、即ちいずれも一種の不戦条約を訂盟せるものである。唯だこれ等諸国は、未だ国家政策の具としての戦争非認を文字の上に誓約する所ないから、新たに米国と共に改めてこれを誓約するのは、必ずしも無用の冗事として排斥すべきでない。そもそも国家政策の具としての戦争の非認すべきことは、上来反覆論述した所で、重ねてこれを敷衍するに及ぶまい。国家政策の具という語は漠と云えば漠であるが、正当防衛に非ず又聯盟規約上の制裁義務に基くにも非ずして、単に領土拡大、経済的覇権、その他国家の対外的ポリシーのためにする戦争を汎称するものと解せば、その意義を捉うるに難きを覚えない。正当防衛戦は道理と生存の要求である。ポリシーに由る戦争は策略の問題、利害の問題、損得の問題である。前者は正邪を以て論ずべく、後者は適否もしくは巧拙を標準とするにおいて、取捨の識別は自らその間に立つ。勿論政策戦争と正当防衛その他の義戦との境界は、時には明確に截断し難き場合もあろう。けれども活世界の活事態は、自然科学を取り扱うように明確には截別分類するを得ないもので、幾何学的にこれを測定排序せんとすれば、却って収まりがつかなくなる。国家政策の具としての戦争なるものを排斥することを国際的一原則として協定するのは、決して不可能でも不合理でもない。

　但だ三ヶ条の条文を通読して物足らぬ心地するは、その趣旨が要するに不戦の原則を宣言するに止まりて、不戦の実行を将来に保障すべき何等手段が限定せられてない点である。国際聯盟規約もロカルノ協定も、その違反行為ある場合においては聯盟理事会が相当措弁することになってある。その保障が規定せらるるのでなければ、実際に臨んで効果が甚だ薄かるべきを恐れる。或いは保障規定は米国の憲法もしくは政策が許さざる所なりと云わんか。しかも往年華府《ワシントン》議定の太平洋島嶼に関する四国条約においても、争議が外交手段に依りて満足なる解決を得る能わず、且つ現在の協調に影響を及ぼすの虞《おそれ》ある場合には、締約国の共同会議を開いて考量調整するということになって居るではないか。この規定は甚だ生温いものには相違ないが、それでも無きに勝るや万々である。然るに本条約案においては、この類の保障規定が一も無い。いささか竜を描いて睛を点ぜざるの憾がある。

尤も米国政府は、他の一面において既に仏国との間に新仲裁裁判条約を締結し、又我国に向っても、本年八月に満期となる所の現行仲裁裁判条約に代るべきものに就いて既に提議したことであるから、米国政府の意向は、本不戦条約案においては不戦の原則を相互間に約し、紛争の平和的解決方法に至りてはこれを新仲裁裁判条約の方に譲らんとするにあるかとも察せられる。然る場合には、さきに米仏新仲裁裁判条約を記せる所において述べたが如く、該条約を適用せざる国内管轄問題その他の除外例は、暫く英独伊諸国に就いては云わず、少なくも我国としては、当然論議を挟むべき問題とならざるを得ない。これを如何に調節するか、又調節せざるべからざるか。上来章を重ねて叙述せる卑見に対し読者の下し給う批判は、即ちこれが解答たるべきものである。(四月十五日附記)

信夫淳平（しのぶ・じゅんぺい）

1871年生、1962年歿。外交官、国際法学者。法学博士。東京高等商業学校（現一橋大学）卒。外務省に入り総領事などをつとめ、1917年退官。早稲田大学講師、『新愛知』（現中日新聞・東京新聞）主筆、中華民国顧問などを経て、1951年早稲田大学教授。1943年『戦時国際法講義』（四巻）で恩賜賞（学士院）受賞。学士院会員。その他の著書に『国際政治論叢』（四巻）『戦時国際法提要』（上下）『海上国際法論』『上海戦と国際法』『近代外交史論』『小村寿太郎』など多数。

不戦条約論

刊　行　2019年9月
著　者　信夫 淳平
刊行者　清 藤　洋
刊行所　書 肆 心 水

135-0016 東京都江東区東陽 6-2-27-1308
www.shoshi-shinsui.com
電話 03-6677-0101

ISBN978-4-906917-95-2 C0031

乱丁落丁本は恐縮ですが刊行所宛ご送付下さい
送料刊行所負担にて早急にお取り替え致します

―既刊書―

ノモス主権への法哲学

法の窮極に在るもの
法の窮極にあるものについての再論
数の政治と理の政治

尾高朝雄著

民主主義はなぜ選挙が終点であってはならないのか――
ポピュリズム時代の法哲学の核心、ノモス主権論

ポピュリズムが広まり、行政国家化が深まり、象徴天皇制が再定義されつつある今、ノモス主権論があるべき道を指し示す。ノモス主権論へと至る尾高法哲学理解のための主著三冊を合冊集成。安倍政権時代におけるノモス主権論のアクチュアリティを示し、ハンス·ケルゼン、カール·シュミットとノモス主権論の関係を論じる寄稿論文「ノモスとアジール」（藤崎剛人著）を附録。　7200円＋税

天皇制の国民主権とノモス主権論

政治の究極は力か理念か

尾高朝雄著

ノモス主権論の核心を示す

従来の主権概念では、国民の総意に基づく数の横暴を認めざるをえない。ソフィスト VS. ソクラテス以来の大問題を法哲学の立場で論じ、実力概念から責任概念へと改鋳された主権を提唱する。ノモス主権論をめぐる宮澤俊義との論争を増補した1954年版『国民主権と天皇制』の改題新版。

6300円＋税

—既刊書—

天皇の起源

法社会学的考察

藤田嗣雄著

権威と権力——法学的意味の歴史的解明

天皇の支配と日本国家の成立の関係は法学的にはいかに説明されるか。カール・シュミットの「場序（Ortung)」概念から出発し、天皇の支配の形成から日本国家の成立までを法社会学的に探究するユニークな業績。「二〇世紀後半における天皇」の章を巻末に収め、法学的に見た現代の問題をも示す。 6900円＋税

軍隊と自由

シビリアン・コントロールへの法制史

藤田嗣雄著

軍事に詳しい法制史学者のユニークな業績

具体的な法制化の歴史をたどり、文民統制の歴史的厚みを示す。近世・近代・現代において、軍隊の制御はいかに進展してきたのか。主要各国（英米仏独日）ごとに歴史をたどり、その違いの意味を説く。「政治憲法と軍事憲法が対立する明治憲法の本質が、今次の敗戦を決定したところの、唯一の原因では、もちろんなかったとしても、憲法的見地からは、最も重要視されなければならない。」 6900円＋税